AF493636

LA
DÉMOCRATIE
CONTEMPORAINE

Lb 57
5861

LA

DÉMOCRATIE

CONTEMPORAINE

PAR

A. BEAURE

Le Principe électif et le Droit divin.
Les différentes formes de Gouvernement. — La Souveraineté.
L'Instruction publique.
L'Organisation militaire. — La Religion. — La Justice. — L'Impôt.
Le Travail et le Capital. — La Guerre.
L'Actualité.

PARIS
CALMANN LÉVY, ÉDITEUR
ANCIENNE MAISON MICHEL LÉVY FRÈRES
RUE AUBER, 3, ET BOULEVARD DES ITALIENS, 15
A LA LIBRAIRIE NOUVELLE
—
1876

CHAPITRE PREMIER

LE PRINCIPE ÉLECTIF ET LE DROIT DIVIN

I

Aristote a-t-il eu raison de prétendre que les hommes ne sont point naturellement égaux, mais que les uns sont nés pour obéir et les autres pour commander?

Y a-t-il, en un mot, deux classes d'hommes, l'une maîtresse et l'autre esclave?

La première est-elle investie des caractères d'une supériorité évidente, d'où résulte implicitement pour elle le droit de commander? Ou bien est-il plutôt vrai que tous les hommes sont traités indifféremment par la nature, qui répartit ses dons sans distinction et sans préférence, de façon à semer et à renouveler sans cesse les germes de l'égalité?

La réponse à ces questions est d'une importance capitale.

Si l'humanité est tenue d'obéir à des gouvernements de fait, basés sur l'autorité du droit divin, qui font du peuple un troupeau ayant un berger, dont la nature diffère essentiellement de celle du bétail qu'il conduit, il est fort oiseux de discuter sur les mérites ou les imperfections de ces gouvernements.

La soumission devient le premier des devoirs, l'obéissance est la seule règle.

Il importe donc au plus haut point qu'une solution nette et précise soit donnée au problème posé entre le droit héréditaire et le droit électif, puisque cette solution n'entraîne rien moins que l'affirmation ou la négation des principes de liberté et d'égalité.

Il s'agit de savoir si, comme il vient d'être dit, les hommes sont tenus d'obéir à des chefs providentiels, marqués d'une empreinte supérieure, ou si, investis de droits égaux, de facultés analogues et d'aptitudes similaires, ils sont libres de se concerter en vue de leur bonheur commun, libres d'établir des lois et de fonder le gouvernement qui leur paraît le plus conforme à leur dignité et à leurs intérêts.

Il s'agit de savoir, enfin, si le système fondé sur l'hérédité de droit divin qui maintient le pouvoir dans les mains d'une même famille, quelles que soient leur intelligence et leur valeur propre, est préférable au système électif qui s'adresse au plus méritant.

***

Quiconque examinera de bonne foi le spectacle que nous présente l'humanité dans le passé et que nous offre la société dans l'état actuel, sera nécessairement conduit à reconnaître qu'aucune catégorie d'individus n'a été spécialement douée de qualités morales et physiques supérieures à celles des autres hommes, et dont la transmission, s'opérant régulièrement de génération en génération, légitime les priviléges d'une famille sur les autres.

Il est de toute évidence, au contraire, que cette réunion et cette permanence de qualités ne se sont jamais réalisées d'une manière uniforme et suivie.

Pauci sunt insignis quà paternâ gloriâ quà suâ.

Peu d'hommes se font remarquer par la gloire de leur père et par la leur.

Pour en citer quelques exemples puisés à diverses époques et parmi des peuples différents, n'a-t-on pas vu la race des Eacides fournir à la Macédoine Aridée après Alexandre, celle des Carlovingiens tomber dans Louis le Débonnaire après Charlemagne, et celle des Bourbons nous donner Louis XIII après Henri IV?

N'a-t-on pas vu plus tard Richard Cromwell s'affaisser sous le poids de l'héritage de son père, et Pierre le Grand obligé de faire étrangler son propre fils pour ne pas exposer son œuvre civilisatrice à être anéantie par l'imbécillité de son successeur?

Si la supériorité ne se transmet pas régulièrement par voie héréditaire, c'est donc qu'elle est le résultat de l'imprévu, et c'est précisément de cet imprévu que sort le principe d'égalité, non en fait, mais en droit, parmi les hommes.

Il ne faudrait pas, en effet, chercher les fondements de l'égalité dans une ressemblance absolue et dans une chimérique uniformité. L'uniformité existe si peu dans la nature, que l'univers entier ne renferme pas deux êtres semblables.

Ce qui constitue le principe d'égalité, c'est que si les aptitudes et les qualités des hommes sont variées, — or, elles le sont à l'infini, — la nature se montre impartiale dans leur répartition, puisque chacun a des chances égales d'en être doté à sa naissance, et que nul n'en hérite comme d'un bien régulièrement transmissible.

La nature passe constamment sur l'espèce humaine son niveau égalitaire, qui abaisse les uns et qui élève les autres, sans jamais laisser à aucun le droit de se prévaloir, dans sa descendance, de sa suprématie éphémère et accidentelle.

***

L'histoire nous enseigne que tout Etat social dans lequel les fonctions et les métiers sont héréditaires, est par cela même frappé de barbarie.

Comment donc admettre l'hérédité dans sa forme la plus haute et la plus difficile, celle qui érige en droit le pouvoir de gouverner les hommes?

Mais, dira-t-on, le droit des princes ne repose pas sur l'hérédité commune, il ne dérive pas précisément de la supériorité physique et intellectuelle d'un individu ou d'une famille sur les autres, il puise bien plutôt son origine et sa grandeur dans l'autorité patriarcale s'exerçant en principe dans la famille, et s'étendant ensuite de la famille à la tribu et de la tribu à l'Etat, en ajoutant à son prestige naturel une sorte de consécration empruntée à l'idéal religieux.

On en arrive ainsi à la théorie des vases d'élection, des délégués de Dieu, de ce qu'on a nommé, en dernier lieu, les hommes providentiels; elle a pour base l'idée puérile, étroite et vaniteuse que Dieu se mêle directement, et par coups de tête, des affaires humaines, autrement dit, on revient à la conception la plus barbare et la plus primitive qu'on puisse avoir de la divinité.

Que l'on considère ce que ce système de théocratie gouvernementale a fait de l'Orient, de l'Espagne et de tous les pays où il s'est implanté; on verra que partout il a créé une stabilité précaire qui ressemble à la mort, et qui lui ressemble d'autant mieux que partout elle a eu pour résultat d'annihiler la force, la vie et la pensée, de supprimer toute énergie morale.

En somme, la théorie des hommes providentiels, sur laquelle s'appuie le droit divin, semble faite uniquement pour laisser commettre et pour excuser tous les crimes.

***

Revenons donc à ce principe d'égalité qui ressort avec une si vigoureuse netteté des lois de la nature, qui relève l'homme et qui lui permet d'atteindre à des conditions de prospérité et de grandeur incompatibles avec tout autre système. Donnons hardiment la préférence au principe électif sur le système héréditaire, et du moment où il est démontré que la théorie des hommes providentiels est aussi fausse que dangereuse, du moment où il est reconnu que l'intelligence, la force et la beauté ne se perpétuent pas d'une manière suivie dans la même famille, disons que chacun a droit de chercher ces qualités où elles existent et de porter son choix et ses préférences sur quiconque lui en paraît digne.

Or, qui dit choix dit liberté; ce qui nous mène droit à cette conclusion, que nul n'emprunte à sa naissance une autorité quelconque pour gouverner les hommes; que, par conséquent, les peuples ne sont point faits pour les gouvernements, mais que les gouvernements sont faits pour les peuples.

La formule gouvernementale est donc bien nette et ressort de ces prémisses d'une façon précise et absolue : elle exige que toute autorité soit basée sur l'assentiment général et qu'elle ait pour effet d'assurer la plus grande somme possible de liberté et de bien-être à tous.

Le véritable souverain, c'est tout le monde, car tout le monde tient de la nature des droits égaux, imprescriptibles et que nul ne peut légalement confisquer.

L'homme s'associe à ses semblables en vue du bonheur commun; le contrat ne saurait avoir d'autre but, ni comporter, sous peine de nullité, l'aliénation des droits en vertu desquels ce contrat lui-même a pu avoir lieu.

⁂

Les logiciens qui placent la République au-dessus du suffrage universel sont donc dans la vérité stricte.

Le suffrage universel n'est qu'une forme d'expression de la souveraineté nationale; celle-ci ne peut s'aliéner, sous peine de ne plus être, et elle ne peut pas ne plus être après avoir été.

Etre souverain pour que le premier usage qu'on fasse de sa souveraineté soit d'abdiquer, c'est tout simplement absurde.

C'est non-seulement absurde, c'est encore illicite. Nul n'est investi du droit d'aliéner sans assentiment la propriété d'autrui. Or, la liberté, l'égalité, la souveraineté nationale ne sont pas les biens passagers d'un peuple ou d'une génération, ils sont le patrimoine héréditaire de l'humanité prise dans la vaste amplitude du temps.

C'est violer à la fois la justice et la raison, que de tenter d'aliéner ce qui est en soi-même inaliénable.

La République, étant le seul gouvernement qui permette à la souveraineté nationale de rester constamment elle-même, est donc le seul fondé en droit, en attendant qu'il devienne le seul établi en fait.

II

On est parfois surpris que l'idée exacte que l'homme a maintenant de ses droits ait mis aussi longtemps à se faire jour; elle est si simple et si logique qu'on s'étonne qu'elle n'ait pas été établie plus tôt, et que ce soit d'hier à peine que le peuple ait reconnu son droit à se gouverner lui-même, et son aptitude à le faire.

A quoi faut-il attribuer cette longue et difficile gestation?

A diverses causes qu'on n'aperçoit pas tout d'abord, et dont nous allons signaler quelques-unes.

La formule politique ou sociale, quoique basée sur un principe unique, revêt des formes diverses suivant les temps, les milieux et les peuples auxquels elle s'adapte, ce qui lui donne un aspect ondoyant qui la rend souvent difficile à saisir.

Ajoutons que la discussion des questions politiques n'a pas toujours reposé sur un terrain d'accès tellement facile qu'on pût s'y donner rendez-vous en toute liberté.

Le feu, la prison, la torture, la hache ou la pendaison ont été pendant longtemps les arguments péremptoires par lesquels on répondait à ceux qui voulaient risquer trop tôt la démonstration de la vérité.

⁂

Les gouvernements n'aiment guère à voir discuter leur origine et leur raison d'être, surtout quand l'une et l'autre paraissent plus ou moins contestables, et que le rôle qu'ils remplissent est conforme à leurs goûts.

Disons plus : lors même que ces questions eussent pu être traitées avec une entière liberté, il aurait encore fallu que la génération à laquelle elles étaient soumises fût à même de les comprendre, pour qu'elles portassent leurs fruits. Or, si la diffusion des idées est difficile aujourd'hui, elle l'était bien plus encore avant l'invention de l'imprimerie.

D'ailleurs, le progrès et la vulgarisation des idées sociales sont d'autant plus difficiles, qu'il ne leur suffit pas d'être vraies ou d'être comprises par leur initiateur; elles doivent être nécessairement soumises à l'incubation des masses, et il faut que celles-ci soient arrivées à un point de maturité suffisant pour se les assimiler. Une découverte scientifique s'impose aussitôt qu'elle est démontrée; elle entre dans le domaine public et elle y reste. La formule politique, au contraire, ne parvient à prendre corps que le jour où elle est acceptée par la généralité, et elle n'a de valeur réelle que si la masse tout entière est à même d'en saisir le sens et d'en mesurer la portée.

Avant d'en arriver là, il faut encore qu'elle ait surmonté la lutte qu'elle est forcée de soutenir contre l'égoïsme individuel. Toute réforme heurte des priviléges, et ceux qui en jouissent les défendent.

A toutes ces difficultés, et à celles résultant de la routine, ajoutons que les gouvernements, hostiles par nature à tout changement, détiennent et concentrent dans leurs mains la force publique; tandis que le peuple, fût-il entièrement d'accord sur le choix d'un système, est presque toujours impuissant à le faire prévaloir, faute de cohésion et de moyens de s'entendre. Ainsi s'explique que la vérité ait pu être comprimée pendant une longue suite de siècles, et que des idées qui paraissaient si simples soient restées si longtemps avant de se manifester.

⁂

Aujourd'hui, la lumière est faite, la raison triomphe, et l'homme connaît enfin l'étendue de ses droits.

Mais s'il essaie d'appliquer ces droits dans toute leur rigueur et de les énoncer dans leur sens radical et absolu, ne va-t-on pas, au nom de ce même passé dont nous venons de montrer l'action temporisatrice, crier à l'utopie et protester contre la réussite d'une pareille tentative?

Vous convenez, dira-t-on, que vos idées n'ont jamais eu de consécration définitive dans le passé ; n'est-ce pas une démonstration évidente qu'elles sont destinées à ne pas en obtenir davantage dans l'avenir?

Vous avez pour vous la théorie, soit; mais nous avons pour nous l'expérience.

Cette manière de raisonner serait aussi inexacte que la nôtre serait défectueuse, si nous repoussions les données de l'expérience et si nous prétendions que tout ce qui a existé dans le passé est lettre morte pour nous.

Non, l'accord entre l'expérience et la théorie n'est pas si difficile à établir que nous ne puissions en définir les conditions, de façon à démontrer qu'elles n'ont rien d'incompatible avec des principes destinés à devenir pratiques, sans cesser d'être vrais.

***

Nous commençons par admettre que les gouvernements qui ont existé, qui se succèdent depuis des siècles et qui tous se sont plus ou moins écartés de la ligne inflexible que nous avons définie, n'ont pas été, par cela même, un défi permanent au bon sens, une longue suite d'erreurs ou d'hérésies sociales.

Nos ancêtres n'ont pas vécu pendant des siècles dans les ténèbres de l'ignorance absolue.

Si les principes sur lesquels reposent les droits de l'humanité n'ont pas toujours été parfaitement connus, ils ont été, du moins, pressentis depuis longtemps; et s'ils ont été énoncés avec plus de force et de clarté depuis un siècle, qu'ils ne l'avaient encore jamais été, ils n'en existaient pas moins, de toute éternité, dans les plis profonds de la conscience humaine.

Leur évolution mystérieuse s'opérait peu à peu, associée à l'immense mouvement qui fait graviter l'humanité, d'une façon majestueuse et lente, vers ses destinées futures.

De même que la terre tourne sur elle-même en même temps qu'elle roule dans l'espace autour du grand astre, de même l'humanité obéit dans sa marche à l'impulsion combinée des faits existants dont l'influence est immédiate, et des idées nouvelles dont l'attraction s'exerce incessamment.

La théorie, abandonnée à ses propres forces, risquerait de s'élever dans le vide et d'y flotter à des hauteurs inaccessibles, tandis que la pratique, laissée à elle-même, s'affaisserait bientôt dans l'obscure routine. L'accord de ces deux forces est donc indispensable, et de leur union intime résulte la perfection.

⁂

Voilà pourquoi le penseur et l'homme d'Etat sont conduits à envisager la politique, non pas seulement comme une œuvre de pure métaphysique, mais aussi et surtout comme la science des réalités.

Ils savent que les sociétés n'ont pas été fabriquées tout d'une pièce, comme certains produits de l'art industriel, et qu'elles sont le résultat, en quelque sorte sédimentaire, d'une nombreuse suite de générations.

C'est faute de n'avoir pas suffisamment tenu compte de ces deux termes du problème, que la philosophie, la politique et l'histoire ont évolué, sans boussole et sans gouvernail, entre le droit divin et l'Etat rationnel, depuis les quatre ou cinq mille ans que l'espèce humaine a conscience d'elle- même.

Pour être viables, les institutions d'un pays doivent non-seulement être justes en elles-mêmes, mais encore s'harmoniser avec son passé, ses habitudes, son caractère et ses intérêts.

Ce n'est pas à dire qu'il faille pousser le culte du relatif jusqu'à justifier les honteux compromis que tant d'hommes ont cru pouvoir se permettre avec leur conscience, sous des prétextes plus ou moins spécieux.

Rien n'autorise à abjurer le culte du vrai, l'abandon de l'idéal ; et quand on assume la grave responsabilité de les mettre, moyennant certaines concessions, d'accord avec les exigences de l'actualité, il est indispensable que cette nécessité soit impérieusement démontrée et qu'elle soit tout au moins justifiée par les résultats.

Voilà dans quelles mesures l'absolu peut être modifié ; voilà dans quelles limites il est permis de se placer sur le terrain des faits ; voilà comment, sans se retrancher dans un doctrinarisme intransigeant, il convient d'aborder la politique pratique, avec franchise et sans illusions.

Il faut, tout en s'efforçant d'être un homme de son temps, ne jamais cesser d'être un honnête homme.

On peut avoir des opinions arrêtées sans être un sectaire, de même que l'on peut être républicain sans méconnaître la nécessité et quelquefois le mérite relatif, quoique essentiellement provisoire, de formes de gouvernements autres que la République.

C'est à ce point de vue, nous paraît-il, qu'il faut envisager l'histoire, remonter vers le passé, non point pour y tout blâmer, mais pour y puiser des leçons afin de combiner celles-ci avec les données nouvelles de la science et les aspirations du progrès.

***

Nous dirons donc que les droits de l'homme sont invariables et imprescriptibles puisqu'ils sont préexistants, mais que leur manifestation est plus ou moins étendue suivant le degré de civilisation du milieu dans lequel ils sont à même d'exercer leur action.

L'expérience, qui enseigne le culte du relatif, n'abolit pas le droit, n'exclut point le progrès.

Elle laisse, à chaque époque, le choix entre l'avenir et le passé, et c'est elle qui, précisément, nous met aujourd'hui en état de décider avec connaissance de cause quelle est, parmi les différentes formes de gouvernement actuellement en présence, celle qu'il convient de préférer.

Chacune de ces formes de gouvernement, en effet, est sortie des limbes de la spéculation théorique, pour entrer dans le domaine des faits et donner lieu à une appréciation fondée, non-seulement sur des déductions métaphysiques, mais encore sur des réalités positives qui résultent de l'expérience.

Ces formes de gouvernements peuvent se résumer, quant à présent, à trois : la Monarchie, le Régime constitutionnel et la République.

Toutes trois existent et fonctionnent simultanément dans le milieu contemporain où nous sommes placés pour les observer.

Toutes trois ont leurs adeptes, leurs partisans et leurs défenseurs convaincus.

CHAPITRE II

LES DIFFÉRENTES FORMES DE GOUVERNEMENTS

I

La Monarchie, si nous commençons par elle l'examen des différentes formes de gouvernements, ne saurait être discutée, bien entendu, que comme institution humaine, car si elle devait paraître escortée du droit divin, il ne nous resterait, comme nous l'avons indiqué précédemment, qu'à nous incliner devant elle et qu'à nous soumettre en toute humilité, sauf à lui réclamer au besoin ses certificats d'origine.

Mais nous croyons qu'il faut prendre la question à un point de vue plus réel, et nous pourrions ajouter plus sérieux, et considérer la Monarchie en tant qu'institution humaine, c'est-à-dire, eu égard à sa valeur propre et aux services qu'elle peut rendre; laissant ainsi le droit divin pour ce qu'il est, et le considérant simplement comme un instrument d'influence emprunté à la théocratie pour agir sur la masse aveugle.

La Monarchie, dans son acception entière et nette, pourrait dire, si elle était appelée à faire valoir non plus ses droits, mais ses titres : Je représente le chef de la famille, j'administre dans l'intérêt de la communauté, j'évite les compétitions de pouvoir, je résume le bien-être, la stabilité.

Tout cela est parfait! mais est-ce bien exact?

Etre chef de famille, c'est un noble rôle; mais il exige une expérience, une supériorité individuelle que rien absolument ne nous garantit dans la personne d'un roi.

Quant à administrer dans l'intérêt de tous, nous ne doutons pas que certains monarques ne se soient efforcés d'accomplir cette partie de leur tâche avec toute la sollicitude qu'elle comporte, mais nous croyons qu'un beaucoup plus grand nombre encore s'en est très-médiocrement soucié, et nous avouons avoir beaucoup plus de confiance dans le strict accomplissement de ces devoirs lorsqu'ils peuvent être soumis à un contrôle efficace et confiés à celui qui est jugé digne de les remplir, qu'en les voyant confiés à des magistrats de hasard, puisqu'à vrai dire les rois ne sont pas autre chose.

Cette opinion ne pourra manquer d'être partagée par tous ceux qui, sans parti pris, voudront bien comparer la conduite des présidents de la République des Etats-Unis avec celle des Bourbons, par exemple, qu'on représente comme des types de perfection royale, et qu'on place avec orgueil en tête des maisons souveraines d'Europe.

Or, Washington et Lincoln, comparés à Louis XV ou à Ferdinand VII, ne sauraient laisser pendant longtemps les esprits dans le doute.

La Monarchie ne pouvant supporter qu'un contrôle apparent, il faut de toute nécessité que son chef soit vertueux et capable, pour que l'administration soit bonne; tandis que sous un gouvernement responsable, le choix du magistrat constitue une première garantie, et le contrôle auquel il reste soumis en ajoute une seconde non moins efficace.

Il est démontré par l'histoire que les luttes suscitées par les compétitions nées du trône, ont été une cause fréquente de troubles, et que plus une monarchie se rapproche du droit divin, moins elle est stable; il est sans exemple, en Russie, qu'un czar meure de mort naturelle. Les despotes de l'Orient périssent presque tous assassinés. Il est également démontré que l'ambition et la passion des souverains ont entraîné des guerres infiniment plus nombreuses que les luttes occasionnées par les conflits d'intérêts des peuples entre eux.

Il faut donc conclure, à ce point de vue encore, qu'un magistrat responsable offre plus de garantie de stabilité intérieure et extérieure qu'un monarque héréditaire.

L'élection ne comporte pas plus de troubles que la succession héréditaire au trône; elle possède sur celle-ci l'avantage d'être prévue, réglée d'avance, et elle n'a pas l'inconvénient de faire succéder, par une transition subite, l'enfance à la vieillesse, et d'encadrer entre deux faiblesses les quelques années de virilité dévolue à chaque homme, fût-il l'oint du Seigneur.

Il résulte de l'ensemble de ces observations que, non-seulement au point de vue théorique, mais même au point de vue historique et contemporain, le système monarchique héréditaire et absolu n'obtient pas l'avantage dans la comparaison qu'on en peut faire avec le système électif et républicain.

II

Examinons maintenant le système mixte qui, sous le nom de Monarchie constitutionnelle, a la prétention d'emprunter à chacun des deux systèmes ses bons côtés seulement ; à la Monarchie absolue ce qu'elle paraît avoir d'avantageux, au point de vue de la stabilité, et à la République ce qu'elle présente de plus satisfaisant au point de vue du contrôle.

Là, suivant une célèbre définition, *le Monarque règne et ne gouverne pas.*

C'est le Roi soliveau dans toute l'acception du terme, c'est la République avec cette légère variante, que la première magistrature est mise à l'abri des compétitions.

On ne saurait nier, en effet, que tel soit le rôle d'un Roi constitutionnel.

Occuper le trône, afin que personne ne soit tenté de s'en emparer, telle est la plus importante, pour ne pas dire la seule des fonctions qu'il ait à remplir.

Un être médiocre et point ambitieux peut, à la rigueur, s'en contenter; mais quel homme de valeur occupant le trône, consentira à châtrer ainsi son génie, à comprimer ses desseins, à restreindre ses idées?

Agira-t-il?

Il sort des bornes constitutionnelles pour s'emparer de la direction des affaires.

S'abstiendra-t-il?

Il commet un suicide intellectuel, dont peu d'hommes véritablement trempés doivent se sentir capables.

En résumé, un Roi constitutionnel n'est qu'à la condition de ne pas être.

La Monarchie constitutionnelle repose sur une fiction de l'esprit qui consiste à donner au vide l'apparence de la réalité, ou à la réalité l'apparence du vide.

Que cet état ait servi de transition entre le passé et l'avenir, entre le préjugé monarchique et l'espérance républicaine, rien que de très-naturel; mais une transition n'est pas un principe et la Monarchie constitutionnelle, bien qu'elle ait séduit quelques politiques honnêtes, étroits et courts de vue, ne sera jamais qu'un expédient politique de peu de durée, un système vague, une transition provisoire entre deux régimes nettement définis, la Monarchie et la République.

***

Dès qu'il y a pacte entre le prince et le peuple, c'est que ce dernier a des droits, c'est que le Roi n'est que son premier magistrat, et qu'en tant que magistrat, il peut non-seulement voir ses pouvoirs limités, mais encore révoqués.

Or, comment concilier la situation d'un magistrat qu'on peut révoquer puisqu'on l'a nommé, avec le droit d'hérédité inhérent et essentiel à la Monarchie?

Toutes les chartes, toutes les constitutions, toutes les subtilités du monde ne sauraient prévaloir ici contre la logique.

Cest donc vainement qu'on a prétendu que la Monarchie constitutionnelle était une sorte de République et même la meilleure des Républiques.

N'allons pas si loin dans la quintessence, soyons simples pour rester vrais et convenons que la meilleure des Républiques, c'est tout uniment la République.

Vainement dira-t-on que la Monarchie constitutionnelle est une barrière placée à égale distance des abus de la puissance royale et des excès de la démagogie.

Rien ne reste immobile, pas plus dans l'ordre matériel que dans l'ordre intellectuel et dans l'ordre social.

Il faut progresser ou rétrograder.

La Monarchie constitutionnelle a la prétention d'être stable et de servir de terme moyen entre la Monarchie et la République. C'est une erreur; il n'y a pas pour elle d'autre alternative que de remonter vers l'une ou d'être entraînée vers l'autre.

Un monarque ambitieux et de talent — il peut s'en rencontrer dans les rois constitutionnels — confisquera peu à peu les libertés, il en fera la conquête au profit du trône, il fortifiera son pouvoir aux dépens de la liberté.

Est-ce le contraire qui doive avoir lieu?

Est-ce la liberté qui peu à peu empiétera sur les prérogatives de la royauté?

On marche alors vers la République; et c'est encore le suicide de la Monarchie constitutionnelle.

Mais pour placer une troisième supposition entre les deux précédentes, le roi sera-t-il tellement neutre qu'il accepte tout ce qu'on voudra et qu'il ne fasse rien pour, ni rien contre ce qu'il plaira à la nation de décider?

Soit! Mais son inutilité deviendra par cela même tellement manifeste qu'on le reléguera bientôt n'importe où, comme un rouage à la fois inutile et dispendieux.

III

La troisième forme de gouvernement dont il nous reste à apprécier les mérites ou les inconvénients est la République.

Nous n'insisterons qu'en passant sur la supériorité que donne tout d'abord à cette nature de gouvernement l'accord parfait existant entre sa forme et son principe, entre la théorie qui établit la souveraineté du peuple et l'application qui fait de ce peuple même l'instrument du gouvernement.

Seule, la République reste toujours conséquente et adéquate avec son principe.

On ne saurait méconnaître que, lorsque chacun est admis à contrôler ce qui doit être fait dans l'intérêt général, ou à y participer s'il en est capable, une immense et réelle satisfaction soit donnée au bon sens, en même temps qu'un hommage légitime est rendu à la dignité humaine.

Ce n'est pas peu de chose en soi que cet accord logique et serré, entre ce qui est et ce qui doit être, entre le positif et l'idéal, entre la forme et le principe du gouvernement.

La Royauté prétend faire le bien du peuple malgré le peuple; la République tend au même but, mais avec le concours et l'assentiment de la partie intéressée.

Nous trouvons que c'est plus rassurant, et nous croyons que c'est plus sincère.

Mais si importantes que puissent être les conséquences de cet accord, c'est à un point de vue plus tangible et plus saisissable encore que nous entendons faire ressortir l'évidente supériorité du gouvernement républicain.

***

En premier lieu, un gouvernement basé sur le choix du plus digne ne peut manquer d'avoir pour effet d'étendre l'émulation à tous les rangs de la société, de propager l'instruction, de développer les lumières et de contribuer de mille façons et par mille moyens à élever le niveau moral et intellectuel d'une nation.

Honorer le mérite, c'est l'encourager, c'est le faire naître en quelque sorte. Voilà pourquoi c'est seulement dans les pays libres qu'à peu d'exceptions rès, le génie humain se révèle par ses œuvres, tandis qu'il semble éteint, partout où le despotisme abaisse les caractères et comprime les idées.

D'où partent la grandeur, les talents, les hommes remarquables? Toujours des pays libres. Les grands hommes du siècle de Louis XIV étaient nés pendant la Fronde et les généraux du premier Empire s'étaient formés sous la République.

Il semble que la liberté, comme la lumière, possède la propriété de colorer et de mettre en relief les contours de l'esprit humain.

L'homme qui se sent l'égal de tous et qui peut exercer son intelligence dans un milieu indépendant, acquiert un esprit vigoureux, et comme il est sans cesse attiré vers le progrès, la lutte qu'il soutient pour y arriver développe ses forces et agrandit ses facultés.

Quel élan ne doivent point imprimer aux mœurs et aux caractères les conventions d'un état social où les récompenses sont réservées aux plus méritants !

Combien la noble passion du bien public doit y être vive et profonde !

Combien le patriotisme s'y manifeste avec plus d'ardeur que sous ces monarchies où tout se fait au nom du prince, où la nation s'efface devant un homme, où le soldat combat sans savoir pourquoi, sert des projets dont l'ambition personnelle est presque toujours le mobile et dont la gloire revient à un seul homme, au lieu d'appartenir à la patrie tout entière !

***

Patrie ! ce doux nom qui ne peut exister et être senti dans sa plénitude que lorsqu'il est associé au nom de République, parce qu'alors seulement il résume en lui tous les attachements, toutes les gloires et toutes les tendresses.

Aussi le soldat républicain est-il imprégné d'une tout autre valeur ou d'un tout autre sentiment que le mercenaire ou le paria qu'on oblige à servir ; chez lui existe non-seulement l'esprit du devoir, mais encore l'esprit de sacrifice et de dévouement.

L'armée n'étant pas, sous la République, comme sous la Monarchie, une fraction séparée du reste de la nation, possède un tout autre esprit ; son niveau moral est plus élevé, car elle résume en elle tout ce que la nation renferme de jeune, de valide et d'intelligent, la solidarité y existe à tous ses degrés, on sait que l'on combat tous ensemble pour la cause de tous.

Quelle puissance doit jaillir d'un pareil sentiment !

D'un autre côté, que de guerres d'ambition se trouveront désormais annulées de ce fait : que le gouvernement étant dans les mains des gouvernés, ceux qui décideront la guerre ne seront pas dispensés de la faire, comme cela se pratiquait alors que les classes dirigeantes pouvaient lancer le pays dans la lutte, en envoyant la vile multitude se battre et se faire tuer à leur place.

Il est bon, il est salutaire que le sort des peuples et que la vie des citoyens, au lieu d'être à la merci d'un seul homme plus ou moins enclin à laisser courir à autrui le danger de ses rêves ambitieux, soient placés entre les mains de ceux qui, ayant à supporter directement les conséquences de la guerre, songent avant de l'entreprendre à toutes les responsabilités qu'elle engage.

Et ce n'est pas, qu'on le croie bien, une mince garantie, au point de vue de la paix, du travail et de la sécurité, de savoir que la guerre ne dépend plus d'un caprice souverain, mais qu'elle ne peut résulter que de la volonté réfléchie de toute une nation.

Siége de Rome, expédition du Mexique, guerres plus fatales encore! aucune de ces néfastes aventures n'eût pu avoir lieu si la nation, se gouvernant elle-même, avait été en mesure de faire prévaloir sa volonté.

L'ambition, qui presque toujours est le fait d'un homme, est rarement celui de tout un peuple.

C'est qu'elle ne profite qu'à un seul, tandis qu'elle pèse sur tous.

Aussi la République est-elle, par tempérament comme par nécessité, le moins agressif des gouvernements.

Elle a beaucoup à perdre à la guerre, elle n'a rien à y gagner.

Qu'elle soit victorieuse et qu'elle s'agrandisse, elle perd en solidité ce qu'elle gagne en étendue.

Qu'elle soit vaincue, elle perd tout : territoire, fortune, avenir, liberté.

***

Ainsi, et pour nous résumer, la République est non-seulement basée sur le droit et sur la raison, elle est de plus une sauvegarde pour la paix, elle développe la dignité humaine, elle rehausse les caractères et le niveau moral des peuples, elle inspire le patriotisme.

Ajoutons qu'à ces avantages, elle joint celui de généraliser le bien-être par une répartition équitable et sagement entendue des charges publiques.

Les lois économiques, en effet, ont un rapport intime avec les lois politiques, et, lorsque le système gouvernemental repose sur les priviléges attribués a une classe de citoyens, il faut nécessairement qu'une autre clase supporte les charges dont la première a été exemptée.

S'il est vrai qu'il ne puisse pas exister de royauté sans aristocratie, ni d'aristocratie sans priviléges, il faut admettre que la République seule est à même de pouvoir, sans contradiction avec son principe, établir des lois fiscales véritablement équitables et et qui, pesant sur tous d'une manière égale, paraissent légères à chacun.

Le même ordre d'idées nous amène à constater que la République imprime une direction plus utile à la richesse du pays, et que là où la monarchie se préoccupe avant tout de construire de fastueux et inutiles palais, la République tend à créer des travaux productifs, des chemins de fer, des routes, des canaux et des ports.

Non-seulement un gouvernement démocratique donne aux fonds de l'Etat et à ceux des particuliers une direction plus sage, mais il a pour conséquence nécessaire l'abolition de ces scandaleuses dépenses de liste civile qu'on a vu envahir jusqu'aux deux tiers de certains budgets, en former, pour ainsi dire, l'unique objet, comme chez certains peuples orientaux, et s'élever chez nous-mêmes, et tout récemment encore, jusqu'au chiffre de 50 millions !

***

Au point de vue moral et économique, les avantages de la République sont donc indéniables; chacun, même parmi ses adversaires, en convient assez volontiers; mais le reproche qu'on lui adresse, la grande objection qu'on dirige contre elle, c'est d'être un gouvernement de trouble et de violence, inconciliable par sa nature avec les principes d'ordre et de stabilité sans lesquels un peuple ne saurait subsister et encore moins prospérer.

Les reproches formulés à cet égard contre la République sont, faut-il le dire, aussi injustes que mal fondés. On confond, par erreur ou à dessein, une phase violente de notre histoire avec un régime stable et définitif: on feint de croire que la République aura toujours à dompter la guerre civile ou à lutter contre la coalition extérieure et qu'elle opposera à ces situations terribles des procédés non moins terribles.

On feint de croire enfin que, parce que la République a eu à lutter violemment pour s'affirmer ou pour s'établir, à certaines phases de notre histoire, elle ne peut être qu'un régime de violence et de terreur. On confond ainsi l'accident transitoire avec le fait permanent et durable.

***

La République est d'autant moins obligée d'avoir recours à la violence, qu'elle offre un terrain de conciliation à l'animosité de tous les partis, qu'elle est le seul régime dont la protection s'étende, d'une manière égale et uniforme, sur chacun indistinctement et qu'elle admet tout le monde à participer à la direction des affaires publiques.

Quand un état social est tel, qu'il n'y a ni oppresseurs ni opprimés, n'est-ce pas la meilleure garantie qu'il n'existe aucun prétexte plausible de révolte ou de désobéissance et qu'une grande cause de troubles est ainsi éliminée?

Constatons-le donc, puisque, aussi bien, c'est la vérité : la République offre des gages de stabilité plus sérieux qu'aucune autre forme de gouvernement, et nous avons chez nous mêmes et autour de nous des exemples assez concluants pour démontrer qu'on n'est ni moins heureux ni moins tranquille en France, en Suisse et aux États-Unis que dans les pays soumis à une forme de gouvernement basée sur le préjugé monarchique.

Quel régime, d'ailleurs, est à même de se recommander chez nous par des gages de stabilité plus sérieux? Est-ce celui d'une monarchie que nous voyons renversée deux fois, en moins de quarante ans, tantôt dans le sang, tantôt sous les pavés?

Est-ce le régime constitutionnel, qui a subsisté d'une vie débile pendant dix-huit ans, pour chanceler au premier choc et tomber à son tour devant les barricades?

Est-ce l'Empire enfin, cette forme de gouvernement hypocrite et mensongère qui vole au peuple ses droits et à la Royauté son manteau? qui aboutit, quand elle triomphe, à l'immonde corruption des Césars, et quand elle échoue, à ces désastres qui se nomment Waterloo ou à ces hontes qu'on appelle Sedan!

On a beaucoup vanté les dix-huit années de prospérité du second Empire, mais cette prétendue prospérité provenait de deux causes complétement étrangères à l'Empire; elle était due d'abord aux dix-huit années de sage administration du règne de Louis-Philippe et ensuite à l'extension considérable donnée aux voies de communication, lesquelles ont doublé et triplé partout la richesse des nations.

Durant les dix-huit années d'Empire, la prospérité était bien plus grande encore au dehors que chez nous; l'Angleterre étendait prodigieusement sa richesse; la Prusse se fortifiait, et l'Amérique diminuait sa dette. La nôtre, pendant ce temps, augmentait de dix milliards et les coups de tête d'un gouvernement impénétrable et absolu jetaient les affaires dans des transes continuelles et apportaient un trouble profond aux transactions régulières.

Telle est la seule part d'influence sur les affaires qui appartienne réellement à l'Empire.

L'Empire! mais qui donc pourrait vouloir encore de ce système ou de ce gouvernement qui a coûté à l'Europe le massacre de trois millions d'hommes et la ruine en permanence, qui a fait tuer à la France plus d'un million de ses enfants, lui a fait payer des milliards d'indemnité et tout cela pour aboutir à quoi?

A la défaite, suivie de trois invasions, de la perte de nos frontières et, qui plus est, de l'avilissement des consciences et de l'abaissement des caractères.

***

La France a trop expié sa confiance en tous ces gouvernements d'aventure, pour vouloir renouveler l'expérience; elle sait à quoi s'en tenir sur leur prétendue stabilité et sur leurs soi-disant bienfaits; aussi, la République qui, au milieu des circonstances les plus terribles, l'a aidée à surmonter ses désastres, lui parait-elle, à bon droit, renfermer les gages de grandeur et de sécurité qu'elle chercherait vainement ailleurs.

On a voulu tirer aussi de l'étendue du territoire un argument pour démontrer que la République n'était viable que dans certaines conditions exceptionnelles et déterminées. Il suffit, pour réduire cet argument à sa juste valeur, de citer l'exemple de deux Républiques qui existent et qui prospèrent depuis de longues années, dont l'une vit heureuse sur son étroit territoire, tandis que l'autre couvre, de son pavillon étoilé, l'espace des mers et la vaste étendue d'un continent.

La possibilité pratique et le fonctionnement régulier du gouvernement républicain ne sont plus à démontrer, ils existent.

De même que le mouvement se prouve en marchant, la République se manifeste en grandissant partout où elle s'implante.

Sortie des langes de la discussion et de la théorie, elle se meut librement dans le domaine des faits, et quand on lui demande : Que peux-tu faire?

Elle répond : Voici ce que j'ai fait :

En 1789, je vous ai inspiré ces principes de liberté qui rayonnent aujourd'hui sur le monde entier et je vous ai donné vos frontières naturelles, que deux monarques vous ont fait arracher par leurs fautes.

En 1870, j'ai sauvé l'honneur de la France, en lui inspirant la lutte presque contre tout espoir ; j'ai redressé vos âmes flétries, j'ai régénéré vos cœurs, j'ai réparé vos désastres, et déjà, après la nuit sombre, vous pouvez, grâce à moi, voir scintiller à l'horizon la bande d'aurore qui, tout étroite qu'elle soit, annonce l'arrivée radieuse du soleil !

CHAPITRE III

LA SOUVERAINETÉ

La souveraineté réside dans l'universalité des citoyens.

Cette souveraineté étant le patrimoine de tous, il serait logique qu elle s'exercât directement et également par tous. Malheureusement, ce mode d'expression, qui serait le plus naturel, n'est simple qu'en apparence et il est facile de se convaincre que, dans la pratique, il serait inapplicable, surtout pour un grand peuple.

La nation formant un corps trop nombreux pour délibérer réuni, il en résulte pour elle la nécessité de choisir des mandataires, auxquels elle confie le soin de la représenter, et d'agir en son nom.

Mais, de même que l'exercice direct de la souveraineté par toute la nation exposerait au danger de tomber dans la confusion, de même la délégation de cette souveraineté conduit à un autre danger, qui est l'usurpation partielle ou totale du pouvoir par ceux qui n'en doivent être que les dépositaires.

Il faut donc agir de telle sorte que la délégation, puisqu'on est contraint de recourir à ce mode de procéder, soit la représentation aussi exacte et aussi sincère que possible de la volonté souveraine et qu'elle ne puisse, en aucun cas, se substituer à cette volonté qui est sa loi d'origine.

Il est difficile d'établir des règles précises pour assurer ces garanties, car les limites et les conditions du droit de suffrage ont plus ou moins varié suivant les temps et les milieux où il lui a été donné de s'exercer.

Le résultat, comme dans tout ce qui se rattache aux conceptions humaines, reste toujours soumis à des influences accessoires; qu'il est impossible de prévoir ou d'éliminer complètement.

Rien de ce que nous créons n'est immuable et aucune loi humaine, si parfaite qu'elle soit, ne peut atteindre, dans son expression matérielle ou écrite, la rigoureuse et perpétuelle exactitude d'une solution géométrique. Les peuples étant, comme les individus, soumis à une transformation constante, leurs besoins, leurs goûts, leurs mœurs et leurs aptitudes se modifient et nécessitent des transformations analogues dans la forme des lois et dans leur mode d'expression.

Mais ce qui ne varie pas, c'est l'esprit même de la loi; et le moyen de se rendre compte si celle-ci est bonne, est de se demander si elle traduit fidèlement la pensée qui doit l'inspirer. En ce qui concerne la loi électorale, on recherchera surtout si elle a pour résultat de régler équitablement les rapports des citoyens entre eux, et d'assurer le libre développement des droits et des facultés de chacun.

***

Nous ne nous proposons pas d'entrer ici dans l'examen détaillé des différents modes d'après lesquels, suivant les peuples et suivant les milieux, on a cru pouvoir atteindre au résultat démandé, nous nous bornerons à constater que le suffrage universel, basé sur le vote libre de tous les individus mâles et adultes d'une nation, est considéré de nos jours comme le mode d'expression le plus exact, le plus énergique et le plus complet de la volonté nationale; c'est, en tous cas, celui qui satisfait la volonté du plus grand nombre et qui offre, à ce point de vue, la digue la plus efficace contre les révolutions.

Nous limiterons donc à ce seul mode de suffrage l'examen des conditions qui nous paraissent nécessaires pour assurer l'expression libre et sincère des vœux de la nation.

Commençons par établir que les premières de toutes les conditions pour que le suffrage universel réponde à l'idée qu'on se fait d'une institution sérieuse, c'est qu'il soit guidé et éclairé par une presse politique, entièrement libre, qu'il soit accompagné d'une instruction largement répandue dans toutes les classes de la société, enfin, c'est qu'il s'exerce dans la plénitude absolue de son indépendance et surtout qu'il ne soit point soumis à la tutelle dérisoire qui, sous la dénomination de candidature officielle, aboutit à faire désigner les contrôleurs par ceux-là mêmes qu'il s'agit de contrôler.

Le suffrage universel, en un mot, ne peut fonctionner qu'à la condition d'être entouré, comme compléments indispensables, d'une entière liberté de la presse, du droit de réunion et d'une instruction publique mise à la portée de tous. Il ne doit être, sous aucun prétexte, soumis à une influence extérieure, à une intervention administrative quelconques, il doit être laissé entièrement à lui-même; la loi punira sévèrement la corruption et écartera avec soin tout ce qui est de nature à le vicier dans son essence ou à l'entraver dans sa liberté.

***

Si le suffrage universel ne doit être soumis à aucune tutelle, il ne doit en imposer à ses élus aucune qui soit contraire au bon sens et à leur dignité.

Le peuple a été si souvent trompé qu'il a cherché s'il ne trouverait pas dans le mandat impératif un remède aux scandaleuses palinodies dont il a été tant de fois victime.

Le remède, sous cette forme, nous paraît malheureusement chimérique; s'il a pour effet d'enserrer l'élu dans un cercle tellement étroit que celui-ci ne puisse pas s'y mouvoir, que devient, nous le demandons, un représentant qui ne peut ni penser, ni agir, ni comprendre, ni sentir par lui-même, ni rectifier son opinion à la suite d'un raisonnement susceptible de la modifier, et qui abdique en un mot toute intelligence et tout libre arbitre?

Ce n'est plus qu'un rouage mécanique, un automate, une machine à voter.

Si, au contraire, les limites du mandat sont assez larges pour laisser place à l'appréciation, il arrivera que le mandataire de mauvaise foi trouvera toujours une échappatoire quelconque, qui lui permettra de transgresser ses promesses et de violer impunément sa foi.

Le mandat impératif ou contractuel, si légitime que soit en principe sa raison d'être, nous paraît donc d'une application des plus difficiles dans la pratique, et nous croyons que le moyen le plus efficace d'empêcher le renouvellement des scandaleuses conversions dont le monde parlementaire a si souvent donné l'affligeant spectacle, consiste à exiger du candidat une profession de foi nette et claire, basée sur des points précis et indiquant la direction politique qu'il se propose de suivre.

S'il trompe ou s'il se trompe, c'est aux électeurs à ne pas renouveler son mandat, et pour que l'erreur n'ait pas de conséquences extrêmes, il suffit de limiter strictement la durée de ce mandat.

Enfin, ce qui importe surtout, si l'on veut bien choisir, c'est de s'assurer d'avance et avec soin de la moralité et du caractère des canditats.

Ces garanties étant données, et, si l'on aborde ce qui a trait au fonctionnement proprement dit du suffrage universel, on peut, pour procéder par ordre, commencer par déterminer à quelle époque de l'année et après quelle période de temps la nation sera appelée à se réunir pour exercer son droit de suffrage.

Il semble, à ce sujet, que la période annuelle mise sous nos yeux par la nature, comme un type et comme un exemple, soit celle qui, sous tous les rapports, réunira le plus de convenances.

L'année, en effet, forme un cycle complet, qui embrasse dans son ensemble la semence et la récolte, le travail et son résultat, le doit et l'avoir de chacun, le budget de l'Etat et celui du particulier.

Après l'année révolue, le laboureur, le négociant, l'ouvrier, font leurs comptes, établissent leur bilan, et, après avoir en quelque sorte réglé le passé, commencent à reporter leurs yeux vers l'avenir.

Il est donc naturel que la nation, elle aussi, fasse son inventaire annuel, examine ce qui s'est passé, pèse les actes de ses mandataires, se prononce, enfin, sur la direction qu'il convient de leur imprimer, en indiquant par ses choix la volonté qu'elle entend faire prévaloir.

Cette période annuelle une fois admise, il reste à déterminer quelle est l'époque la plus propice pour convoquer les électeurs, en donnant la préférence à celle qui s'adapte le mieux à son objet et aux convenances générales.

C'est ainsi, du reste, que le mois de mai a été généralement adopté en France, parce qu'il tombe à une époque de l'année où le temps est assez généralement beau, où les jours sont longs et les travaux champêtres peu urgents.

On pourrait donc établir en principe que tous les électeurs de la nation se réunissent de droit dans leurs comices à une date déterminée du mois de mai de chaque année, pour y nommer leurs représentants.

***

Une fois cette première question résolue, si l'on passe à un autre ordre d'idées et qu'on examine sous quelle forme le suffrage universel doit s'exercer, on se trouve en présence de deux systèmes différents : le suffrage universel à deux ou plusieurs degrés, et le suffrage universel direct.

La nation est-elle peu avancée, ses membres sont-ils peu instruits, en un mot, est-ce l'ignorance qui domine encore chez elle?

Il semble préférable, alors, que l'élection se fasse à deux degrés.

La masse électorale, ne se sentant pas à même d'apprécier directement par elle-même le mérite et la valeur de chaque candidat, réduit son rôle à une fonction plus simple et mieux appropriée à ses aptitudes : les électeurs choisissent parmi eux un délégué sur dix ou sur cent, et confèrent à celui-ci le droit de désigner à son tour le délégué qui est appelé à remplir les fonctions de représentant du peuple.

Si, au contraire, la nation est suffisamment avancée, si, tout au moins, le nombre des citoyens éclairés l'emporte sur celui des ignorants et si, surtout, cette nation est fortement éprise d'égalité, le suffrage direct a lieu d'être préféré.

***

Après avoir éclairci ces divers points, on est naturellement conduit à rechercher quel doit être approximativement le nombre des délégués investis du droit de représenter la nation.

Ce nombre doit être établi de telle sorte qu'il comprenne autant que possible l'élite des hommes de valeur et de capacités du pays. Il importe, d'une part, d'éviter les assemblées trop nombreuses, parce qu'il est difficile qu'elles délibèrent avec ordre et avec calme, mais il est essentiel, d'autre part, qu'une assemblée souveraine soit assez nombreuse pour que la corruption ne puisse pas avoir prise sur elle et qu'elle représente suffisamment l'ensemble des opinions et des intérêts du pays.

En tenant compte de ces divers considérants, il nous semble que, dans une nation comme la France, le nombre des représentants peut être assez judicieusement établi entre trois et quatre cents, ce qui permet de calculer un représentant par 100,000 habitants, ou, autrement dit, par 25,000 électeurs.

La France aurait ainsi 360 représentants environ.

***

Le choix de ces représentants peut s'effectuer sous deux formes différentes : par unité de collége, ou par scrutin de liste.

S'il s'effectue par unité de collége, il est exposé à l'inconvénient d'être faussé dans son expression par les influences locales; s'il a lieu au scrutin de liste et que cette liste soit trop nombreuse, il tombe dans un autre inconvénient, celui d'être pratiqué sans tout le discernement nécessaire.

Il convient donc, croyons-nous, de s'arrêter à un moyen terme et de donner la préférence au scrutin de liste limité à trois représentants au moins et à six au plus.

Divers systèmes ont été proposés en vue d'arriver à la représentation des minorités.

Tout esprit équitable reconnaîtra qu'il est juste que chaque opinion soit représentée dans le sein de l'Assemblée, en proportion exacte avec le nombre de ceux qui la professent. La difficulté consiste à trouver le moyen pratique d'arriver à ce résultat.

Le scrutin de liste se prête assez bien aux transactions et aux alliances, mais il est loin encore d'atteindre d'une manière complète et satisfaisante au but indiqué.

***

Parmi les moyens plus ou moins ingénieux qu'on a trouvés de faire participer les minorités dans la représentation nationale, nous citerons, entre autres, celui qui consiste à faire nommer les députés sur une liste de cinq noms, en attribuant une valeur à l'ordre dans lequel ces noms sont rangés et en donnant par exemple cinq voix à celui qui est porté le premier sur la liste; quatre voix au deuxième; trois voix au troisième; deux voix au quatrième et une voix au cinquième. Supposons cent électeurs votant d'après ce système et les candidats A, B, C,

D, E portés sur la liste dans l'ordre suivant, voici comment se compteraient les suffrages :

A 100	voix qui valent	5	soit	500	suffrages
B 100	—	4	—	400	—
C 100	—	3	—	300	—
D 100	—	2	—	200	—
E 100	—	1	—	100	—

Supposons maintenant trois partis opposés se présentant devant les électeurs :

Le parti	A	qui dispose de	55	voix
—	B	—	25	—
—	C	—	20	—

Voici le résultat auquel on arrivera :

Les 5 candidats du parti A obtiendront :

55	voix qui valent	5	soit	275	suffrages
55	—	4	—	220	—
55	—	3	—	165	—
55	—	2	—	110	—
55	—	1	—	55	—

Les 5 candidats du parti B obtiendront :

25	voix qui valent	5	soit	125	suffrages
25	—	4	—	100	—
25	—	3	—	75	—
25	—	2	—	50	—
25	—	1	—	25	—

Les 5 candidats du parti C obtiendront :

20 voix	qui valent	5	soit	100	suffrages
20	—	4	—	80	—
20	—	3	—	60	—
20	—	2	—	40	—
20	—	1	—	20	—

En faisant le dépouillement des suffrages, on reconnaît que les candidats nommés se rangent dans l'ordre suivant :

A	avec	275	suffrages
A	—	220	—
A	—	165	—
B	—	125	—
A	—	110	—

ce qui donne quatre députés de la majorité et un de la minorité, tandis qu'avec le scrutin de liste pur et simple, les cinq candidats de la majorité eussent tous été nommés, puisqu'ils disposaient de 55 voix sur cent.

Le résultat obtenu par le système ci-dessus paraît donc préférable, puisqu'il arrive à donner une voix sur cinq à la minorité; et il peut être encore perfectionné au moyen d'un compromis passé entre les deux minorités.

Si ces deux partis s'entendent, il n'y aura plus,

pour nous en tenir toujours à l'exemple ci-dessus, que deux listes :

La liste	A	avec	55	voix sur	100
—	B.C	—	45	—	100

Voici alors quel sera le résultat :

Le parti A obtiendra :

55 voix	qui valent	5 soit	275	suffrages
55	—	4 —	220	—
55	—	3 —	165	—
55	—	2 —	110	—
55	—	1 —	55	—

***

Le parti B.C fusionné obtiendra :

45 voix	qui valent	5 soit	225	suffrages
45	—	4 —	180	—
45	—	3 —	135	—
45	—	2 —	90	—
45	—	1 —	45	—

et les candidats nommés seront :

A	avec	275	suffrages
B.C	—	225	—
A	—	220	—
B.C	—	180	—
A	—	165	

de sorte que l'opinion des électeurs sera représentée avec une exactitude presque mathématique, puisque les 55 voix A auront trois députés, les 25 voix B en auront un et les 20 voix C également un. Mais pour en arriver là, il faut supposer une transaction, et cette transaction peut tout aussi bien se faire avec le scrutin de liste pur et simple; d'ailleurs, si le dernier système est ingénieux, il a le défaut d'être compliqué et d'établir entre les députés des nuances qui nuiraient à la considération de l'un vis-à-vis de l'autre, et à l'égalité de leur mandat.

En résumé, le scrutin de liste, tel que nous l'avons défini plus haut, nous paraît être jusqu'à nouvel ordre celui qu'il est préférable d'adopter.

***

Vient ensuite une question importante, c'est celle qui consiste à déterminer la durée du mandat législatif.

Nous serions d'avis que cette durée fût calculée de façon à être suffisamment étendue pour que le mandataire puisse étudier avec maturité les questions qu'il est appelé à résoudre, qu'il puisse former des plans stables, en suivre l'exécution, en tirer une conséquence utile et pratique; mais il importe, d'autre part, que cette durée soit assez limitée pour que la nation ne soit point exposée à subir une représentation de droit, contre laquelle elle se trouverait en désaccord d'idées; car, aussi bien, le droit de contrôle qui appartient toujours au souverain ne peut être efficace qu'à la condition de s'exercer fréquemment.

Il serait facile de donner satisfaction à ces diverses exigences, en fixant à trois ans la durée du mandat de représentant et en rendant ce mandat constamment renouvelable.

Mais l'existence d'une nation ne se manifeste pas par intermittences et par saccades, il est nécessaire, au contraire, que son fonctionnement politique s'opère régulièrement, et comme la période annuelle, ainsi que nous l'avons dit plus haut, présente de nombreux avantages, il résulte que le renouvellement complet et intégral d'une assemblée tous les trois ans comporterait de graves inconvénients.

Il faut tenir compte, en outre, que l'opinion publique est sujette à des entraînements contre lesquels il est nécessaire de la prémunir.

On en arrive donc tout naturellement à adopter un système qui aurait pour base le renouvellement annuel et par tiers de l'Assemblée, de façon à infuser à celle-ci incessamment un élément jeune et actif, sans lui retirer les bénéfices de l'expérience acquise, sans rompre l'esprit de suite qui doit lier ses actes, sans provoquer aucune secousse trop brusque dans les rouages gouvernementaux.

Cette façon de procéder aurait pour résultats d'accoutumer le peuple à intervenir avec l'assiduité nécessaire dans ses propres affaires en les contrôlant, chaque année; d'atténuer les conséquences d'un entraînement subit et irréfléchi; de n'exposer le commerce à aucune crise violente, et de ne pas porter atteinte à l'esprit de suite qui est indispensable à une assemblée politique.

Mais il ne suffit pas d'indiquer les meilleurs moyens d'arriver à composer une Assemblée qui soit la représentation fidèle et sincère du pays, qui soit soumise au contrôle de la nation, quoique indépendante dans ses actes, et dont le mode d'élection n'emporte avec lui ni trouble, ni inconvénient, il faut encore déterminer quelle est la nature des fonctions dont cette Assemblée doit être investie.

La souveraineté, comme nous l'avons dit, est une et indivisible, elle réside tout entière dans le peuple. Lors donc que celui-ci se fait représenter par une Assemblée qui est la chair de sa chair, l'expression exacte et intime de ses opinions, cette Assemblée se trouve investie, par procuration, de tout le pouvoir appartenant au peuple lui-même.

Nous savons que cette manière de voir soulève de nombreuses objections; mais elle nous paraît être, en dépit de tout, la seule logique et la seule vraie.

La division du pouvoir, en tant que pouvoir souverain, repose, à notre avis, sur une fiction : c'est une illusion, une chimère, n'ayant jamais existé que dans l'imagination de ceux qui l'ont inventée. Or, on ne bâtit pas plus un édifice qu'on n'institue une forme de gouvernement sur une fiction, si ingénieuse qu'elle soit ; il faut des matériaux plus sérieux et un terrain plus solide.

Qu'on parcoure l'histoire et qu'on la suive attentivement d'un bout à l'autre : on y verra tantôt un roi, tantôt une aristocratie, tantôt une assemblée élective, maître du pouvoir. Mais ce pouvoir reste toujours aux mains d'un seul, jamais aux trois.

Ne sait-on pas, d'ailleurs, que des forces qui se balancent cessent d'être des forces, vu qu'elles s'annihilent et se neutralisent? Or, ce qui est vrai dans l'ordre physique ne l'est pas moins dans l'ordre moral, et l'expérience se trouve être ici parfaitement d'accord avec la théorie.

Le pouvoir a donc toujours été un, et c'est vainement que, de nos jours, on voudrait citer comme un exemple contraire l'Angleterre, l'Italie, la Belgique et tant d'autres pays, où la pondération des pouvoirs paraît exister sous la forme dite constitutionnelle, à la faveur d'un partage savamment concerté entre le roi et deux Chambres.

C'est là une fiction qui ne tient pas debout devant la réalité; il n'y a et il n'y a jamais eu qu'un pouvoir effectif dans tous ces divers pays. Pour ne nous arrêter qu'à l'Angleterre, n'a-t-elle pas été tour à tour gouvernée d'une manière entière, exclusive et absolue, par chacun des trois pouvoirs successivement?

L'autorité s'y est exercée sans contrôle sous Henri VIII et sous Elisabeth, comme sous Cromwell; cette même autorité a passé ensuite, d'une manière non moins exclusive et non moins absolue, entre les mains de l'aristocratie des lords, vis-à-vis de laquelle le roi n'était qu'une sorte de poupée, et la Chambre des communes qu'un corps subalterne, sans influence et sans crédit; aujourd'hui enfin, c'est la Chambre des communes qui est tout. La Reine ne se permettrait point d'accomplir, *proprio motu*, l'acte le plus insignifiant, elle oserait à peine risquer son droit de *veto*, dans la forme restreinte où elle a droit d'en user ; la Chambre des lords cède en toute circonstance à ce qu'a décidé la Chambre des communes ; et personne ne niera que le gouvernement tout entier réside dans le sein de cette dernière assemblée, qui fait et défait les ministres, et à laquelle les deux autres pouvoirs ne résistent pas d'une façon plus sérieuse, en réalité, que le Conseil des ulémas ne résiste aux ordres du Sultan.

***

Il est vrai que, tout en se rendant à l'évidence, on peut encore objecter que, si le pouvoir est un, dans la forme constitutionnelle comme dans toute autre, il a du moins, grâce à elle, l'avantage de rencontrer un obstacle à son propre excès dans la nécessité du triple accord auquel il est soumis.

Eh bien ! c'est encore là une illusion ; la volonté du plus fort s'impose toujours aux autres, et les autres le sentent si bien qu'ils ne résistent jamais au plus fort.

Oui, certes, tout pouvoir a besoin d'un pondérateur ; mais ce n'est pas dans des éléments factices ou étrangers à son origine qu'il faut chercher ce pondérateur, c'est là où il existe réellement, c'est-à-dire chez le souverain lui-même, autrement dit, dans la nation.

Mais la nation ne vaut que par ses mœurs, sa sagesse, sa fermeté, son esprit politique, sa vertu.

Et c'est ce qui a fait dire avec tant de raison, qu'un peuple a toujours le gouvernement qu'il mérite.

Est-ce que les bases du gouvernement n'étaient pas, en effet, presque les mêmes du temps de Cincinnatus et du temps de Sylla, plus démocratiques même du temps de Sylla, puisque dans l'intervalle les lois Liciniennes avaient été adoptées ?

Et cependant, quand le premier déposait la dictature, il préparait le retour de la liberté; le second, en la déposant, préparait, malgré lui, le triomphe de César et l'avénement séculaire de la plus honteuse servitude.

Qu'y avait-il donc de changé?

Les mœurs.

De même, a dit Machiavel, que les bonnes mœurs ont besoin de l'appui des lois, de même les lois, pour se maintenir, ont besoin d'être soutenues par les mœurs.

Cosi come gli buoni costumi, per mantenersi hanno bisogno delle legi ; cosi le leggi, per osservarsi hanno bisogno de buoni costumi.

***

C'est donc par les mœurs bien plus encore que par les lois qu'il faut garantir la liberté, et, au lieu de chercher à fortifier les droits du peuple par des remparts formés de combinaisons politiques aussi savantes et aussi ingénieuses qu'inutiles, il est de beaucoup préférable de fortifier ce peuple lui-même, et pour cela, de l'instruire et de l'éclairer.

Puisque ses destinées lui appartiennent, puisque la souveraineté est son patrimoine, aucun concours factice ou étranger ne l'aidera à protéger ces biens, s'il ne sait pas les protéger lui-même. C'est là ce qu'il faut lui apprendre, et c'est à lui-même qu'il faut s'en remettre du soin de les conserver.

Laissez chacun fortifier, étendre ses facultés en prenant une part plus ou moins grande, mais toujours active à l'exercice des fonctions publiques. Vous aurez alors une nation de citoyens capables, intelligents et profondément attachés à leurs droits.

Ce qui importe beaucoup plus à la liberté que la division des pouvoirs, c'est leur délimitation. Qu'on fortifie la commune et qu'on circonscrive l'action de l'État dans des limites aussi restreintes que possible, qu'on ait soin surtout de ne pas confondre les fonctions judiciaires avec le pouvoir politique dont elles diffèrent absolument. On n'aura rien à craindre alors d'une concentration de pouvoir dans les mains d'un seul homme, ou ce qui peut paraître plus redoutable encore, dans les mains d'une seule Assemblée à laquelle l'anonymat enlève une partie de sa responsabilité.

Les fonctions judiciaires, dont on a cherché à assurer l'indépendance par la garantie illusoire de l'inamovibilité, ne doivent dépendre en rien du pouvoir politique.

Le magistrat peut être appelé à juger le pouvoir exécutif, il ne doit donc être placé sous sa dépendance ni par son origine, ni par ses chances d'avancement.

***

Nous en sommes arrivé, croyons nous, par un enchaînement aussi simple que logique, à établir que le pouvoir politique est un, qu'il ne se scinde pas et que chaque fois qu'on veut le diviser, on n'aboutit qu'à créer des ferments de luttes.

Qu'on rapporte donc toujours au peuple le pouvoir qui n'appartient qu'à lui, en qualité de souverain unique, et que l'Assemblée qui le représente et qui détient le pouvoir pendant la durée de son mandat ne cherche pas dans des combinaisons illusoires un dérivatif ou une aliénation partielle de ce pouvoir, qu'elle doit garder intact et restituer intact.

Elue par le peuple, l'Assemblée élit à son tour un magistrat qui prend le nom de président de la République et qui s'entoure de ministres de son choix, voilà la logique.

Ce président forme un cabinet soumis au contrôle de l'Assemblée, comme l'Assemblée elle-même est soumise au contrôle du peuple.

Dans ce système, la souveraineté ne se morcelle pas, elle n'emprunte rien d'artificiel ou d'étranger à des théories hétérogènes, elle reste tout d'une pièce, et le pouvoir ne sort, sous aucun prétexte, des mains auxquelles il appartient légitimement.

L'unité d'action se trouve ainsi maintenue dans toute sa vigueur, dans toute son intégrité, il n'y a pas germe de ces discordes inévitables entre pouvoirs rivaux et d'origine différente; la devise : « Tout pour le peuple et par le peuple », si odieusement travestie par le bonapartisme, reçoit alors sa véritable et sincère application.

Si, au contraire, on faisait dériver une portion quelconque des pouvoirs de l'État d'une source autre que celle de la volonté nationale, on porterait atteinte aux droits de la nation, l'on commettrait une usurpation véritable, et si l'on faisait dériver des pouvoirs distincts d'une même source, mais par des voies différentes, on préparerait un conflit entre ces pouvoirs, car l'un d'eux pourrait toujours prétendre ou alléguer qu'il est la représentation plus exacte que l'autre, de la volonté nationale.

Voilà pourquoi un Sénat ou une Chambre haute est une conception défectueuse en principe dans un État républicain, et voilà pourquoi un président de la République ne doit pas être nommé directement par le pays, mais élu par l'Assemblée nationale.

D'ailleurs, une Assemblée parlementaire possède généralement plus de sang-froid que la multitude, elle est moins susceptible d'entrainement, elle se laisse moins facilement séduire par le faux brillant de la gloire militaire et conduire à la remorque d'un soldat ambitieux, ce fléau pestilentiel de toutes les démocraties ; elle a l'avantage, enfin, d'entourer ses choix d'une discussion préalable, où les arguments pour ou contre sont à même de se produire : elle possède donc à tous égards les éléments d'une appréciation judicieuse, saine et raisonnée.

En dehors de ces considérations, la nomination directe du président de la République par le pays entraînerait un autre inconvénient très-grave, c'est que l'exercice du mandat confié au chef de l'Etat se trouverait nécessairement limité.

Or, l'exercice de ce mandat, sur la durée duquel il n'y aurait plus à revenir une fois conféré, ne serait-il pas toujours trop long si le Président remplissait mal ses fonctions, et trop court s'il les remplissait bien ? Car la loi, nécessairement ombrageuse, surtout si elle tient compte des leçons du passé, limiterait sa durée et établirait des barrières pour s'opposer à une réélection indéfinie qui, à ses yeux prévoyants, équivaudrait à une confiscation de la liberté.

Cette limite de temps cesserait d'être une barrière inflexible et gênante, si le Président de la République était nommé par l'Assemblée.

En effet, le Président est-il incapable, ou cesse-t-il de mériter la confiance des mandataires du pays ?

Un vote suffit pour le renverser.

Montre-t-il au contraire des vertus, des talents, du mérite ?

La confiance du pays, dont l'action se fait sentir incessamment sur l'Assemblée par le renouvellement annuel du tiers de ses membres, lui continue ses fonctions et lui permet de développer avec suite, calme et maturité les plans qu'il a conçus.

La grande objection qu'on élève contre ce système, c'est qu'il aboutit à la tyrannie, et même à la pire de toutes, qui est celle d'une Assemblée.

On cite naturellement, à l'appui de ce jugement, l'exemple de la Convention.

Mais on oublie que la Convention gouvernait révolutionnairement, c'est-à-dire en dehors de toute loi, qu'elle était une dictature et non pas un système, et qu'ainsi, l'argument qu'on voudrait tirer de son exemple n'a par lui-même aucune valeur.

Qu'on cesse donc d'assimiler un état de choses violent et exceptionnel à une situation qu'il faut considérer sous son aspect normal et régulier, si on veut l'apprécier avec justesse.

Non, la tyrannie d'une Assemblée unique n'est pas à craindre, si l'on agit de façon que cette Assemblée soit l'expression sincère du sentiment national, et qu'elle jaillisse véritablement du sein du peuple, car le peuple étant seul souverain ne peut être son propre tyran. Il est, d'ailleurs, le meilleur juge de ce qui lui convient, et s'il lui arrivait de se tromper, qui donc garantit que ceux qui proposent charitablement de se mettre à sa place ne se tromperaient pas de même, sans pouvoir invoquer comme lui la légitimité de leur droit à l'appui de leurs actes ?

Que craint-on, en somme. d'une Assemblée unique ?

Qu'une portion de l'Assemblée proscrive l'autre,

prolonge son mandat et s'impose comme gouvernement.

Et pourquoi craint-on qu'elle puisse faire tout cela ?

Parce qu'elle dispose du pouvoir exécutif. Mais si c'est un autre qu'elle qui dispose de ce pouvoir, qui dit que cet autre ne fera pas pour son propre compte ce qu'on craint que l'Assemblée fasse pour le sien ? On n'a guère d'exemples d'une Assemblée usurpatrice, car, encore une fois, celui qu'on voudrait tirer de la Convention tombe à faux, tandis qu'on n'a que trop d'exemples de coups d'Etat entrepris, exécutés et malheureusement réussis, par des Cromwell, des Napoléon et autres ambitieux de plus ou moins de génie.

D'ailleurs, si l'on part de cette hypothèse, assez admissible malheureusement, que celui qui détient le pouvoir exécutif, c'est-à-dire qui dispose de la force publique, est maître, dans bien des cas, de saisir la dictature par un coup d'audace, il faut bien reconnaître que celui qui conçoit et exécute seul son plan, a une supériorité incontestable sur ceux que leur nombre et leur division obligent à se concerter d'avance pour agir.

L'usurpation est donc bien plus à craindre de la part d'un chef ambitieux que d'une Assemblée élective; et voilà pourquoi, dans une République, il ne faut pas donner au chef de l'Etat une situation personnelle à part, dût-elle être balancée par de prétendus pouvoirs pondérateurs, puisqu'il est prouvé que ces pouvoirs ne pondèrent rien du tout et qu'ils sont toujours brisés en cas de lutte.

Il faut placer le chef de l'Etat sous la dépendance directe de l'Assemblée, comme l'Assemblée elle-même est placée sous la dépendance directe du peuple.

Voici la thèse vraie, naturelle et juste, dans laquelle tout s'enchaîne logiquement d'un bout à l'autre. Qu'un frein soit nécessaire pour arrêter ce qu'un premier mouvement peut avoir d'impétueux ou de précipité, dans un corps délibérant, c'est ce que nous ne songeons pas à contester.

Mais ce frein, nous n'entendons pas aller le chercher dans des mécanismes compliqués se réduisant, en fait, à une confiscation plus ou moins déguisée de la souveraineté nationale; nous le cherchons en nous guidant simplement sur les saines notions du bon sens et de l'expérience.

Nous ne voulons donc ni d'un magistrat dont les pouvoirs, différant de ceux de l'Assemblée nationale, soient rivaux de ceux du peuple, ni d'une Chambre haute dont les prérogatives n'ayant de raison d'être que par la naissance, la fortune, ou des choix arbitraires, seraient une protestation vivante contre le principe d'égalité.

Ce frein si nécessaire nous paraît tout trouvé; il existe dans le renouvellement annuel du tiers de l'Assemblée, dans les règlements dont on peut entourer les délibérations de ce corps politique, en exigeant, sauf renvoi à une autre législature, une majorité établie dans des proportions telles qu'elle garantisse le droit des minorités et que l'application de toute mesure douteuse ou précipitée soit forcément retardée et soumise à un nouveau contrôle. Il existe surtout, dans une forte organisation donnée aux franchises municipales et aux conseils provinciaux, de manière à ce que l'un et l'autre puissent au besoin opposer une résistance efficace aux empiétements ou aux excès du pouvoir central. Faites du département autre chose qu'une circonscription administrative; organisez les communes de manière à leur laisser élire librement les conseils municipaux, et laissez ceux-ci choisir leur chef; que le peuple apprenne à se gouverner lui-même et vous verrez combien il faudra peu de temps pour qu'il devienne impossible d'usurper ensuite le pouvoir

***

En résumé, nous plaçons la souveraineté dans le peuple et nous ne voulons point qu'elle en sorte.

Que si ce peuple est dans la nécessité de choisir des mandataires et qu'il ait à défendre ses droits contre une usurpation possible, ce n'est pas dans des combinaisons artificielles et compliquées que nous croyons trouver les moyens de les sauvegarder, c'est dans la simplicité et la rectitude des moyens, c'est en ramenant tout au contrôle du peuple lui-même.

Que se propose-t-on en somme?

C'est d'éviter le despotisme d'où qu'il vienne.

Le moyen de l'éviter, consiste à laisser tout ce qu'il est possible de pouvoir, aux mains de ceux à qui il appartient, d'en déléguer par conséquent le moins qu'on pourra, d'éviter que les forces individuelles soient absorbées dans la centralisation et que la liberté communale disparaisse dans l'État.

Le premier bienfait pour chaque homme est de posséder le libre exercice de ses facultés, celui auquel il est le plus sensible ensuite se rattache aux libertés communales.

Fortifiez donc la commune, ou plutôt laissez-lui

son autonomie et ses droits, en n'abandonnant à l'État que l'administration de ce qui a purement trait aux intérêts généraux.

⁂

Nous savons que beaucoup de bons esprits, même parmi les républicains les plus convaincus, n'admettent point notre théorie et sont partisans d'un Sénat ou d'une Chambre haute, à côté de l'Assemblée nationale.

Ils craignent surtout la tyrannie des majorités dans une Assemblée unique, et ils se demandent si cette majorité, investie de la plénitude du pouvoir, ne sera pas tentée de modifier la Constitution à son profit.

Il est vrai qu'il y a là un danger, et il y a trop peu de temps que nous en avons ressenti les effets, pour le dédaigner complétement. Mais nous croyons, quant à nous, que la division des pouvoirs n'atténue que très-faiblement ce danger, et si trois puissances ont pu s'entendre pour partager la Pologne, il n'est pas plus difficile que trois pouvoirs, réunis pour se contrôler, s'entendent à leur tour pour confisquer la liberté.

Et puisque nous en sommes sur ce point, enregistrons une fois de plus cet aveu, que les constitutions et les lois valent selon les peuples qui les appliquent. Chez les nations jeunes, elles ont une certaine force, parce qu'elles s'imposent comme le tuteur aux jeunes plants; mais chez les nations déjà vieilles, elles empruntent la majeure partie, sinon la totalité de leurs forces, aux mœurs et aux habitudes acquises.

Leur utilité est donc une utilité relative, elle s'étend ou se resserre, suivant que ces lois ont plus ou moins pour elles la sanction morale du peuple qu'elles sont destinées à régir.

Nous n'entendons point conclure de là que c'est en vain qu'on établit des lois et qu'on inscrit les droits de la liberté dans les articles de la Constitution.

Certes, ces attestations écrites ont leur valeur et leur portée, mais nous prétendons que c'est surtout dans l'opinion publique qu'elles puisent leur principale force.

Un corps électoral quelconque ne peut espérer trouver dans ses élus plus de sagesse politique que n'en possède la nation elle-même.

Les bons ou les mauvais effets d'une constitution proviennent donc moins des dispositions légales qu'elle renferme, que de la manière dont ces dispositions sont appliquées.

Et cela est si vrai que, malgré tant de constitutions, plus libérales les unes que les autres, la liberté a été constamment violée en France, tandis qu'en Amérique, où la liberté a pénétré d'une manière indélébile dans les mœurs, il n'arriverait à personne d'envisager autrement que comme la plus insigne folie, l'idée même d'un coup d'État.

C'est donc au peuple qui veut jouir de la liberté à s'en montrer digne.

Puisqu'il est souverain, et que par conséquent il se gouverne lui-même, il faut qu'il se mette en état de savoir gouverner, qu'il s'instruise, qu'il s'éclaire, qu'il ait le sentiment juste de la valeur et de l'importance de ses droits, qu'il se persuade enfin que s'il est certains objets à l'égard desquels on s'exprime en disant : « Tant vaut l'homme tant vaut la chose,» on peut dire avec non moins de vérité : « Tant vaut le peuple, tant vaut la Constitution. »

CHAPITRE IV

L'INSTRUCTION PUBLIQUE

L'instruction est une culture donnée à l'intelligence, dans le but de la fortifier, de développer ses aptitudes et de lui fournir les moyens de s'assimiler les découvertes et les inventions de l'esprit humain.

L'instruction confère à ceux qui l'acquièrent le plus précieux de tous les dons, le capital le moins périssable de tous, car en même temps qu'elle leur transmet tout ce que nos ancêtres ont produit de beau, de grand et d'utile, elle leur assure la possession de ces biens pour la durée entière de leur existence. En employant quelques années de sa jeunesse, l'homme peut parcourir et s'assimiler les produits que l'intelligence humaine a mis des siècles à amasser.

Aussi, l'homme instruit a-t-il sur l'homme ignorant une supériorité incontestable, résultant de ce que son intelligence s'est fortifiée par l'exercice et enrichie d'une foule de connaissances léguées par nos prédécesseurs.

Cette supériorité se manifeste non-seulement dans les rapports intellectuels, mais elle fait sentir son influence jusque dans les produits matériels qui sortent de la main de l'homme.

Il est démontré par l'expérience que l'agriculteur, l'industriel ou l'ouvrier qui ont reçu des notions d'instruction, sont généralement plus adroits dans l'exercice de leur profession que ceux qui ont été privés de ces notions.

Mais c'est surtout au point de vue moral qu'on peut affirmer, — ce que la statistique des tribunaux démontre, de son côté, par des chiffres d'une éloquence irréfutable, — que l'homme instruit vaut mieux que l'homme ignorant.

La raison en est bien simple, le premier raisonne et réfléchit, il est à même de juger et de comparer, par conséquent de mieux discerner que celui qui n'obéit qu'à un instinct trop souvent perverti. Aussi est-ce à bon droit qu'on a dit que l'argent dépensé pour les écoles est autant d'économisé pour les prisons.

***

De cet ensemble de faits et de considérations, il ressort que, si l'instruction est avantageuse à l'homme pris individuellement, elle est non moins profitable à la société envisagée dans son ensemble.

L'accord est trop complet sur ces divers points pour donner lieu à aucune controverse, et il n'existe, à vrai dire, qu'une seule préoccupation, qu'un seul but, consistant à trouver les meilleurs moyens de répandre et de multiplier l'instruction.

Le problème est d'autant plus élevé et plus attractif qu'il intéresse l'humanité tout entière, et qu'il se relie d'une manière intime aux affections les plus chères à l'homme, c'est-à-dire au perfectionnement de sa race, à l'avenir des générations qu'il voit naître et pour lesquelles la nature a mis dans son cœur un attachement si profond.

Dès qu'il est reconnu que l'instruction est un des éléments les plus actifs de moralisation, de progrès, et par suite de prospérité générale, on peut dire qu'en favorisant son développement, un gouvernement accomplit à la fois une œuvre juste, utile et avantageuse ; trois résultats, d'ailleurs, qui vont presque toujours ensemble, tellement il existe d'affinité naturelle entre eux.

***

On est malheureusement obligé d'admettre, quels que puissent être les perfectionnements apportés aux lois qui régissent les rapports sociaux, qu'un grand nombre d'individus se trouveront toujours plus ou moins exposés à ne rien posséder en naissant. N'en résulte-t-il pas une sorte de devoir, pour la société, de leur fournir une compensation, en les mettant à même d'acquérir cette instruction qui doit augmenter leurs facultés productrices, leur inspirer l'amour du bien, leur en faciliter la pratique et les aider à s'enrichir, en même temps qu'ils contribueront à enrichir la communauté ?

L'instruction fait jaillir des rangs du peuple l'intelligence et la moralité, elle met en lumière toutes les aptitudes et donne leur valeur à toutes les forces latentes de l'esprit humain.

Or, plus le travail sera productif et plus il développera le bien-être général, plus ce dernier sera étendu et plus il contribuera à son tour à faciliter l'accord entre tous les membres de la société, plus il resserrera les liens de la solidarité qui doivent les unir et plus il inspirera ce sentiment d'indulgence, d'affection et de dévouement, de fraternité, en un mot, qu'on rencontre d'autant plus aisément dans les cœurs, que ceux-ci sont moins aigris par les difficultés de la vie.

Ce n'est pas tant, en effet, la différence des fortunes que la disproportion des connaissances qui sépare les hommes, et nous nous demandons quel est celui qui serait tenté d'entrer en lutte avec une société qui, outre la consécration et le respect de ses droits, manifesterait pour lui, dès son entrée dans la vie, une sollicitude réelle et efficace, en lui fournissant les moyens d'acquérir le plus précieux de tous les biens, l'instruction ?

Et qui donc, d'autre part, hésiterait à dispenser, aussi libéralement qu'il est possible, un bienfait dont les conséquences promettent d'être si fécondes et si heureuses ?

Non, l'accord est fait à ce sujet, et il ne reste, encore une fois, qu'à s'occuper des meilleurs moyens de mettre le plus largement possible l'instruction à la portée de tout le monde.

Dans ce but, on a d'abord proposé de rendre l'instruction gratuite et obligatoire.

La gratuité s'explique, elle se comprend et se justifie ; car si l'instruction est une richesse sociale dont le développement profite à la communauté, il y a avantage évident pour l'Etat à ce qu'elle soit aussi répandue que possible.

Or, un des meilleurs moyens pour cela, c'est certainement de la rendre gratuite.

Les Etats-Unis, où l'on est pratique et où l'on sait calculer, l'ont si bien compris qu'ils ont doté leur budget de l'instruction publique d'une subvention annuelle de 450 millions.

En France, et pour une population à peu près égale, cette dotation n'atteint que 37 millions. La disproportion est énorme, l'écart est même effrayant, et notre infériorité, pour être moins flagrante par rapport aux autres Etats civilisés, ne laisse pas d'être encore considérable.

Nous dépensons moins, proportionnellement, pour l'instruction que l'Autriche, que l'Allemagne, que l'Angleterre, que la Suisse et que la Belgique.

Nous avons la honte d'être en arrière de tous ces pays, et nous ne voyons, à vrai dire, à notre suite, que les nations barbares ou en pleine décadence.

Nous avons donc encore beaucoup à faire, mais, Dieu merci ! l'utilité de l'instruction, aujourd'hui admise partout, nous facilitera cette tâche et permettra de répondre victorieusement à ceux qui prétendent qu'il y a injustice à faire payer les uns pour instruire les enfants des autres.

***

En examinant la question sous son véritable aspect, on reconnaît, en effet, que le sacrifice a un caractère d'intérêt général, puisqu'il a pour but d'appeler tous les citoyens d'une même patrie à jouir indistinctement d'un bienfait dont la société se trouve si largement récompensée par les résultats que nous avons signalés plus haut. Grâce à l'instruction, le bien-être général se développe sous l'influence combinée du travail secondé par l'intelligence, et l'harmonie sociale substitue son influence calme et bienfaisante à la discorde qu'enfantent le privilége, la fortune et les dons qui peuvent être plus ou moins attribués au hasard.

Des résultats de cette nature et d'une aussi haute portée ne sont pas payés trop chers au prix d'un modeste impôt dont la nécessité ne saurait être contestée que par des esprits prévenus ou aveugles, et chacun doit consentir à en supporter vaillamment sa part.

Que ceux, du reste, qui seraient tentés de se montrer mécontents, veuillent bien se reporter, pour un instant, à l'ancien régime, alors que le revenu des biens du clergé dépassait, à lui seul, 300 millions.

qui en représentent plus de 900 de notre monnaie, et que cette énorme contribution, prélevée, en réalité, sur la fortune publique, pesait aussi bien sur les protestants et les juifs que sur les catholiques.

On conviendra qu'entre l'iniquité qui consiste à faire solder les frais d'un culte par ceux qui ne le pratiquent pas ou qui n'y croient point, et la répartition sur tous les contribuables d'une taxe dont les résultats sont profitables à tous, il y a une distance assez grande pour faire disparaître tout prétexte de récrimination.

Nous ne voyons pas, du reste, quel grand inconvénient il peut y avoir à ce que le célibataire participe, ainsi que tout le monde, à cette charge commune. Nous trouverions, au contraire, regrettable à tous égards que son égoïsme, de choix ou de circonstance, le rendît exempt d'une des taxes quelconques qui atteignent le père de famille.

La gratuité de l'instruction est donc basée sur un principe juste, équitable, utile et fécond.

Elle doit avoir un caractère général, afin de n'être point humiliante pour ceux qui n'ont pas les moyens de payer, ou injuste pour ceux qui, ayant payé une première fois sous forme d'impôt, se trouveraient dans la nécessité de payer une seconde fois sous forme de rétribution scolaire.

***

Les institutions gratuites, s'il est vrai qu'elles soient douées du caractère bienfaisant qu'on s'accorde à leur reconnaître, devraient être réparties sur toute l'étendue du territoire, partout où il en est besoin, placées sous la direction des communes en même temps que sous la surveillance de l'Etat.

Il semble suffisant, au moins pour le début, de limiter la gratuité de l'enseignement à la partie indispensable de l'instruction, celle qu'on désigne sous le nom d'*instruction primaire.*

L'Etat pourrait encourager un certain nombre d'autres écoles d'enseignement secondaire, en s'inspirant toujours des mêmes principes philanthropiques et démocratiques. Il devrait s'appliquer à favoriser en général le système d'externat de préférence au système d'i ternat; ce dernier détruit l'éducation de famille, qui est la meilleure de toutes, et la remplace par une discipline abrutissante et malsaine, jointe à une promiscuité dangereuse.

Le seul côté avantageux que l'on puisse invoquer en faveur de l'internat est qu'il a pour effet d'habituer l'enfant, dès son bas âge, aux difficultés de la vie sociale.

Celui-ci trouve, dans sa famille, avec l'affection de ses proches, une indulgence quelquefois excessive, et par conséquent dangereuse, si bien que lorsqu'il sort de chez lui pour entrer dans la vie réelle, il est exposé de subir bien des mécomptes et bien des désillusions.

Au collége, au contraire, l'enfant vit au milieu de ses camarades, parmi lesquels il est obligé, quelles que soient sa naissance et sa fortune, de ne voir que des égaux.

Cette expérience préliminaire des luttes que l'homme est destiné à soutenir plus tard peut avoir son utilité, mais elle n'est pas telle qu'elle arrive à compenser, à nos yeux, les inconvénients de la vie de caserne appliquée à la jeunesse.

L'externat, entre autres avantages, comporte plus de liberté pour l'enfant et plus de surveillance directe de la part des parents, plus d'habitude des usages de la vie, jointe à une direction plus morale.

Il est naturel, en tous cas, que l'internat, lorsque, par exception, il y a lieu d'y recourir, entraîne le paiement d'une rétribution.

On comprend que l'Etat doive l'instruction, mais non pas qu'il soit tenu de fournir la nourriture, le gîte et l'entretien, ce qui conduirait tout droit à une sorte de communisme oppressif et dégradant. On peut, du reste, sans en arriver là, stimuler l'émulation et compléter le côté démocratique du système de la gratuité, en distribuant chaque année un certain nombre de bourses au concours, afin de faciliter à la jeunesse intelligente et studieuse les moyens d'avoir accès dans toutes les carrières et de n'être pas entravée, dans sa vocation, par un obstacle pécuniaire.

Cette attraction est amplement suffisante pour développer le goût de l'instruction, exciter une émulation salutaire et combler une partie de la distance que la fortune place entre ses favoris et ses déshérités.

Un autre moyent très-puissant de développer l'instruction par le système d'attraction est de réduire la durée du service militaire pour tout homme sachant lire, écrire et compter.

Malgré tous ces encouragements, il est encore à craindre que beaucoup d'enfants restent privés du bienfait de l'instruction, soit par leur paresse, soit par l'indifférence ou l'égoïsme de leurs parents, soit pour tout autre motif, enfin.

C'est en vue de remédier à ces lacunes qu'on a proposé de rendre l'instruction primaire, non-seulement gratuite, mais encore obligatoire.

Nous ne dissimulerons pas ce que ce mot, *obligatoire*, soulève de répugnance instinctive dans notre esprit. La théorie de l'Etat providence nous a toujours médiocrement séduit, mais celle de l'Etat tuteur et maître, nous a constamment inspiré la plus vive répulsion.

N'oublions pas que, si l'Etat prend dans la question d'instrution publique une ingérence prépondérante et, à certains égards, absolue, il sera nécessairement entraîné à lui donner une direction morale, politique et peut-être même religieuse, en conformité avec ses vues et ses principes.

Que deviennent alors ce fier libre arbitre et cette précieuse liberté, dont nous avons tant de motifs d'être jaloux ?

Non, l'Etat ne peut, en bonne justice, obliger le père de famille à envoyer son enfant à l'école, s'il ne lui garantit pas en même temps que ce dernier ne sera pas élevé suivant une certaine politique, une certaine morale et suivant une formule en contradiction peut-être avec les idées paternelles.

La tâche est difficile, tellement difficile que ce qu'elle a de philanthropique n'atténue pas ce qu'elle a d'impossible.

Prétendre faire aux gens du bien malgré eux, repose d'ailleurs sur une théorie qui peut conduire loin et, dût-elle paraître séduisante au premier abord ou avantageuse en certain cas, nous craignons que l'abus qui pourrait en être fait dans d'autres circonstances n'atténuât singulièrement la portée de ce premier bienfait.

La tyrannie, en réalité, n'invoque pas d'autre principe.

On peut alléguer, il est vrai, que ce ne sont pas les enfants eux-mêmes qui refusent le bénéfice de l'instruction, que ceux d'entre eux qui n'ont pas été appelés à en jouir le regrettent vivement plus tard, que c'est donc contre l'égoïsme ou l'indifférence des parents que la société lutte et réagit, en imposant l'obligation de faire instruire la jeunesse, qu'elle agit en cela d'une manière conforme aux intérêts de l'humanité, et qu'en prenant ainsi la défense du plus faible, elle ne fait en somme que s'opposer au préjudice matériel et moral qui menace de l'atteindre indirectement elle-même.

Ces raisons sont loin d'être sans valeur, la plupart même sont très-fondées ; mais nous n'en persistons pas moins à maintenir qu'on ne doit se rêsoudre à adopter le régime de la contrainte, qu'en désespoir de cause et après avoir épuisé tous les moyens d'attraction et toutes les ressources de la persuasion.

A part ces réserves, nous ne saurions disconvenir que le système de l'instruction obligatoire a pour lui la sanction d'une expérience heureuse, partout où il a été pratiqué ; qu'il est adopté par des nations non-seulement éclairées, mais justement jalouses de la liberté individuelle, et que ces nations se font remarquer à l'avant-garde du progrès.

Tels sont ses titres, et bien qu'il ne suffisent pas à nous convaincre, nous sommes loin de vouloir les lui contester.

***

Après avoir établi les avantages de l'instruction, la nécessité de l'étendre et le caractère d'utilité générale qui lui est propre, il convient d'examiner quels sont les meilleurs moyens de la favoriser, et surtout de la faire aboutir aux résultats qu'on en attend.

L'instruction, en effet, toute bonne et excellente qu'elle soit, n'a d'utilité réelle qu'à la condition d'être bien dirigée, de servir non-seulement à exercer et à développer les facultés, mais encore à élever l'âme.

L'enfant reçoit avec une facilité extrême et garde avec une fidélité remarquable les premières impressions qui lui sont données. Il est donc essentiel que ces impressions soient justes, correctes, nous voudrions pouvoir dire parfaites.

On ne saurait apporter, par conséquent, trop de sollicitude aux premières leçons données à l'enfance, ni l'entourer de soins trop délicats.

Notre dévouement à son égard doit être proportionné à sa faiblesse ; c'est ce qui fait qu'une mère sera toujours le meilleur instituteur pour de jeunes enfants ; mais c'est ce qui démontre aussi la nécessité pour la mère d'avoir reçu elle-même une instruction préalable, qui la mette en état de remplir cette douce mission.

Malheureusement, il est bien difficile à la mère, surtout dans la classe laborieuse des villes, de prendre elle-même soin de la vie et de l'éducation de son enfant ; c'est une situation fâcheuse et pénible à laquelle il est essentiel de remédier, en créant des crèches, des salles d' asile, des petits centres de réunion où l'enfant trouve un refuge, des soins et des distractions appropriés à son âge.

Oui, l'enfance a besoin de l'amour et des soins

qu'on ne rencontre qu'auprès d'une mère, et lorsqu'il ne peut pas les obtenir, faisons en sorte de les lui procurer par tous les moyens que la sollicitude et l'humanité mettent à notre disposition.

Rendons au moins agréable à l'enfance l'asile que nous lui offrons.

Ce n'est pas sans un sentiment de réelle tristesse que nous songeons parfois à tous ces petits êtres qu'on enferme, loin de toute affection, dans l'atmosphère viciée des écoles.

A peine sont-ils entrés dans cette vie, dont ils ne parcourront peut-être que quelques étapes, que déjà on les contraint à rester immobiles, attentifs, privés de ces distractions et de ce mouvement dont la nature a fait une des impérieuses nécessités de leur âge.

Semblables à ces plantes arrachées aux champs, enlevées à l'air et au soleil pour être transplantées dans le sombre réduit du citadin où elles vont se flétrir, on voit ces pauvres enfants perdre leur fraîcheur, ce charme et cette gaieté qui sont les grâces de leur âge et qui s'étiolent dans la geôle étroite de l'école qui leur sert de prison.

Jusqu'à l'âge où l'enfant est susceptible d'une attention soutenue, il est désirable, à tous les points de vue, qu'il reste entouré des soins de sa famille, auxquels rien ne saurait suppléer, et, quand il entre à l'école, il faut tâcher de lui rendre celle-ci aussi attrayante que possible et alterner, dans ce but, les distractions avec l'étude.

Nous n'ignorons pas que le travail est un devoir inéluctable imposé à l'humanité et qu'il est utile de l'inculquer dès le jeune âge; mais il nous paraît qu'en toutes choses il est sage de procéder par gradation, et que le moyen de faire aimer et respecter le travail, ce n'est pas de commencer par le présenter sous son aspect âpre, dur et rebutant.

Il faut également se garder de vouloir obtenir rien de prématuré, se borner à suivre la nature et ne pas prétendre la devancer.

La serre chaude n'est pas plus favorable à l'enfance qu'aux plantes. Les fruits ne mûrissent bien qu'au soleil... *Nullum esse eumdem et diuturnum et præcocem fructum* (1).

Laissons l'enfance prolonger à son aise son heureuse insouciance, ne pressons pas davantage l'adolescence, ne hâtons pas la vie et n'immolons pas le présent à l'avenir.

On est toujours homme assez tôt.

Les premières notions données à l'enfant devront

(1) Il n'y a point de fruit qui soit en même temps précoce et durable.

donc se composer de préceptes de morale, d'études légères, alternées d'exercices et de récréations, afin de fortifier le corps en même temps que l'intelligence, sans jamais surmener ni l'un ni l'autre.

***

On néglige beaucoup trop l'enseignement méthodique des exercices du corps; ce sont eux, cependant, qui développent la force, la souplesse, l'agilité, et qui contribuent, par suite, à consolider la santé.

On arrivera peut-être à partager un jour, sous ce rapport, l'opinion de la nation qui a offert, avec une souveraine élévation, sous son aspect le plus multiple et dans son expression la plus sublime et la plus complète, le type achevé de la perfection humaine. Or, cette nation estimait que la culture du corps n'est pas moins utile que celle de l'esprit, et qu'il n'est pas moins nécessaire de savoir nager, faire des armes et monter à cheval, que de savoir lire, écrire et compter.

Pour exprimer le mépris que lui inspirait l'ignorant, le concitoyen de Périclès avait coutume de dire :

Μήτε νεῖν, μήτε γραμματα ἐπίσταται

On voudra bien remarquer d'ailleurs que la culture des qualités physiques n'exclut nullement celle des facultés intellectuelles. C'est même à la condition de les poursuivre parallèlement qu'on arrive à leur donner leur entière perfection, à les fondre ensemble dans un tout harmonieux et complet. De là, l'ancien proverbe : *Mens sana in corpore sano.*

Pendant que nous formons des spécialistes étroits, l'antiquité créait ces esprits synthétiques, ces individualités vigoureuses, aptes à toutes les fonctions, embrassant tout dans leur vaste carrière, se montrant tour à tour à un degré aussi éminent, orateurs, guerriers, historiens et hommes d'État.

Thucydide, Alcibiade, César, tant d'autres encore, parlaient et écrivaient aussi bien qu'ils combattaient. En sortant de recevoir les leçons d'Aristote, Alexandre domptait Bucéphale; de même qu'avant lui Xénophon quittait la plume du moraliste, du philosophe et de l'historien, pour saisir l'épée du commandement et diriger avec un talent qui excite encore notre admiration, la fameuse retraite des Dix-Mille.

Mais, que l'éducation soit physique ou intellectuelle, ce que nous voudrions voir avant tout bannir de l'enseignement, c'est l'abominable habitude des châtiments corporels, dont le résultat le plus certain et le plus efficace est de manifester la brutalité du maître et de jeter dans le cœur de l'élève des germes de haine ou de servilité.

Du reste, comme l'enfant s'endurcit et s'habitue aux coups, leur effet devient bientôt nul, excepté dans ses mauvaises conséquences. Il y a des esprits fiers qu'un frein trop rude ne ferait qu'irriter et qui sont d'autant plus sensibles à l'indulgence.

Il faut donc emprunter ses moyens d'action à la raison, se montrer juste sans cesser d'être bon, substituer la douceur et la persuasion à la rudesse et à la violence, inspirer l'estime qui fait naître le respect, et la confiance qui ouvre les cœurs, faire jouer avec habileté les ressorts de l'émulation, non moins puissants chez l'enfant que chez l'homme.

Rien, en un mot, ne doit être négligé pour ôter à l'école son caractère répulsif et pour rendre l'instruction attrayante. Il faut s'aider de tous les moyens, moraux et matériels, pour parvenir à ce résultat, développer l'enseignement dans des espaces aérés, clairs, spacieux, agréables, varier les exercices, faire succéder la gymnastique aux mathématiques, le chant aux travaux abstraits, et une occupation enjouée à un sujet aride.

On arrivera ainsi à former des hommes instruits et forts, des cœurs libres et des caractères généreux; l'instituteur dépouillera la robe de cuistre, et il suffira qu'il se montre naturel pour qu'on ne voie plus en lui que l'homme utile, affable et serviable; un courant sympathique s'établira entre lui et l'élève, le caractère du maître ne s'aigrira pas, ou ne pliera plus sous le fardeau d'un labeur ingrat, et il pourra s'abandonner à la douce satisfaction de faire épanouir chez l'enfant les dons de la nature, au lieu de les comprimer.

Il faut faire en sorte que chaque genre d'enseignement réponde exactement au but qui lui est assigné.

Rien n'est plus pernicieux que de faire des demi-savants. Le plus indispensable et le plus pressé, c'est de commencer par répandre largement l'instruction primaire, de telle sorte que tout le monde sache au moins lire, écrire et compter.

Grâce à ces notions élémentaires, chacun est à même d'acquérir des connaissances plus variées et de les développer incessamment par l'étude.

Il est utile de mettre à la portée des enfants qui ont déjà reçu l'instruction primaire un certain nombre d'écoles professionnelles, dans lesquelles ils peuvent puiser un enseignement technique assez étendu pour déraciner les préjugés et dissiper la routine, et pas assez prédominant pour se substituer au travail de l'atelier, qui peut seul aboutir à former de bons ouvriers. La pratique, en effet, doit passer avant tout; mais il est certain qu'elle ne peut que gagner à être aidée d'une instruction primordiale qui, par les connaissances qu'elle procure, contribue à atténuer un grand nombre de difficultés, contre lesquelles se heurte l'ignorance.

Au-dessus des écoles primaires et des écoles professionnelles se place l'enseignement secondaire, plus spécialement dédié à l'étude des sciences et de la littérature. Puis vient l'enseignement supérieur On peut dire que, si l'enseignement primaire a pour effet de généraliser l'instruction, l'enseignement supérieur a pour résultat de l'élever.

Il agrandit le domaine de l'intelligence, il élève la pensée, il développe les plus hautes facultés de l'esprit humain, et rayonne comme une des gloires les plus pures qu'il soit donné à une nation de posséder.

Tout peuple qui veut occuper un rang dans la civilisation tiendra donc à honneur de l'encourager et ne négligera aucun effort ni aucun sacrifice pour donner tout le lustre possible à ses Facultés d'enseignement supérieur.

Sans entrer dans les détails d'une question qui a été traitée avec autant de compétence que d'autorité par plusieurs écrivains de notre époque, nous nous bornerons à dire, à un point de vue général, que la culture des lettres a, sur la culture des sciences, une supériorité évidente, en ce sens qu'elle spécialise moins et qu'elle tend davantage à étendre la sphère de nos idées.

L'étude de la science prend les choses à un point de vue plus positif, plus utilitaire surtout ; elle précise davantage et ramène le champ d'investigations de l'esprit humain à des limites vastes encore, mais concrètes et déterminées. L'une et l'autre, d'ailleurs, ont leur utilité propre, et l'on peut dire de la première qu'elle élève et agrandit l'âme, de la seconde qu'elle aiguise et fortifie l'intelligence.

L'enseignement, à quelque point de vue qu'on l'envisage, doit rester exclusivement laïque; les croyances religieuses n'étant ni de sa compétence ni de son domaine, il ne peut avoir mission d'en défendre ni d'en combattre aucune.

Quelle que soit la branche d'instruction qui lui est confiée, l'instituteur doit procéder avec une prudente circonspection, éviter l'abus des hypothèses et des abstractions, s'attacher à développer des principes

BIBLIOTHÈQUE NATIONALE
IMPRIMÉS.

clairs et ne prétendre démontrer que des faits évidents. Il évitera d'imposer des opinions toutes faites et des jugements préconçus sur des faits discutables; il devra se persuader que l'instruction qu'il donne n'est qu'un simple canevas que l'intelligence de l'élève est destinée à remplir au moment de sa maturité, qu'il faut laisser à la réflexion sa spontanéité, et partir de ce principe aussi modeste que sensé, qu'à l'école on apprend seulement à apprendre. La tâche du maître se résume donc à enseigner les éléments et les généralités, à donner une teinture générale des connaissances humaines, à étendre les points de comparaison, à agrandir le domaine de l'intelligence, sauf à laisser celle-ci condenser plus tard ses efforts sur ce qui doit devenir définitivement l'objet spécial de son investigation.

La science a considérablement agrandi le champ des études modernes, et personne ne peut se flatter d'en embrasser l'ensemble. Un Humboldt ou un Littré y réussissent à peine. Arrivé à un certain âge, il faut donc de toute nécessité concentrer ses efforts sur un point spécial et ne pas trop tarder dans le choix de cette direction.

Ars longa, vita brevis (1).

(1) L'art est long, la vie courte.

L'étude d'une langue étrangère, au moins, est d'une sérieuse utilité; elle habitue l'enfant à juger, à comparer, à découvrir la pensée des autres, à coordonner et à formuler la sienne.

C'est une gymnastique intellectuelle excellente, jointe à l'avantage de posséder la connaissance d'une langue.

Avec un système d'enseignement bien compris dirigé d'après des vues d'ensemble vers un but précis, tous ces points recevront la solution qui convient à chacun d'eux, et le développement intellectuel de la génération qui profitera de ces perfectionnements ne pourra manquer d'en ressentir un immense bienfait.

Il y a lieu, par conséquent, d'attacher une grande importance au choix des méthodes.

Rien ne facilite autant la tâche de celui qui enseigne, n'abrége davantage les difficultés de celui qui apprend, que l'emploi d'une méthode précise et judicieuse.

Si l'enseignement était en honneur comme il mérite de l'être, et si l'on prenait la peine de se rendre compte qu'il y a des millions d'enfants dont l'instruction se poursuit tous les jours tant bien que mal et que le degré de cette instruction sert à marquer le niveau intellectuel de la nation, on s'attacherait sans doute davantage à perfectionner les méthodes d'enseignement et l'on reconnaîtrait que cette question mérite pour le moins autant de sollicitude que le perfectionnement de la race chevaline ou que toute autre préoccupation d'un genre analogue.

On pourrait, tout au moins, souhaiter de voir les hauts fonctionnaires de l'instruction publique attacher plus d'importance qu'ils ne paraissent le faire à cette grave question, et les élèves de l'Ecole normale y apporter une partie au moins de l'enthousiasme qu'ils mettent à fabriquer des vers grecs et à arrondir des périodes latines.

Mais, pour arriver aux résultats que nous souhaitons, il faudrait commencer par relever la dignité de l'instituteur en améliorant sa situation, en la rendant plus lucrative et plus indépendante, en y attachant autant que possible la juste considération qui lui est due.

Avec le concours d'hommes honorés, en même temps que capables et bien rétribués, on arriverait promptement à développer l'instruction, à la faire procéder d'après des plans réguliers, et à lui faire produire son maximum d'utilité, à épargner enfin à la jeunesse les dégoûts et le temps perdu, à former une nation intelligente, virile et forte.

Le problème, encore une fois, est assez grand, assez élevé pour tenter les cœurs généreux, pour entraîner les concours dévoués, pour être poursuivi et résolu à l'honneur et à la gloire de l'époque qui entreprendra de le résoudre.

Nous devrions commencer par former un personnel d'institutrices laïques, répandues sur toute l'étendue du territoire français et donnant les premières leçons aux jeunes enfants des deux sexes.

Ce système aurait deux avantages : celui de réserver aux hommes des emplois plus virils et un professorat plus élevé comme science, mais non comme utilité et comme difficulté ; celui d'ouvrir aux femmes, aux jeunes filles pauvres ou isolées une carrière appropriée à leur nature et à leur situation.

Il serait peut-être aussi à désirer qu'en France, comme en Amérique, les fonctions d'instituteur fussent considérées comme une sorte de stage que ne craignent pas de traverser les intelligences les mieux douées, les esprits les plus éminents, soit pour apporter à leur instruction un utile complément, soit pour prendre l'habitude de s'exprimer en public, soit pour acquérir les connaissances nécessaires à l'exercice d'une autre carrière.

Il est indispensable, en tous cas, que l'instituteur qui reste attaché à ses fonctions y trouve, à côté d'une juste rémunération, la dignité que comportent les autres professions libérales, lorsqu'elles sont exercées convenablement, et que le seuil de l'école cesse de rappeler au maître ainsi qu'aux disciples, le vers que le Dante a gravé au frontispice de l'enfer :

Lasciate ogni speranza, voi ch'entrate. (1).

En résumé, nous concluons à l'instruction primaire donnée gratuitement ; à l'enseignement attrayant ; à l'éducation physique et intellectuelle conduites parallèlement ; au choix de méthodes judicieuses ; à l'amélioration et au bien-être du corps enseignant.

Indiquons, comme couronnement de l'édifice, la fondation de bibliothèques populaires, la création de cours publics pour les adultes, la diffusion des lumières par tous les moyens possibles, et grâce à l'initiative individuelle surtout ; faisons appel enfin à toutes les bonnes volontés et nous aurons résolu,

(1) Abandonnez toute espérance, vous qui entrez ici.

au moins en partie et dans la mesure de nos forces, un des problèmes qui importent le plus au bonheur et à la dignité de l'espèce humaine.

CHAPITRE V

L'ORGANISATION MILITAIRE

I

La destruction est un axiome de fait, parallèle dans le monde à celui de la reproduction.

C'est en conformité de cette loi que la nature, en dehors de l'action propre qu'elle exerce directement, a pourvu tous les êtres d'engins d'attaque et de moyens de défense.

Grâce à son intelligence, l'homme est le mieux doué sous ce double rapport : il dompte tous les animaux, car il a plus de moyens d'action pour agir sur eux qu'ils n'ont de force pour agir contre lui, aussi la lutte n'acquiert-elle de caractère véritablement sérieux, en ce qui le concerne, que lorsqu'il rencontre son semblable pour adversaire.

L'homme seul est assez fort pour lutter contre l'homme, et c'est cette lutte qui, lorsqu'elle s'étend sur une vaste échelle et se manifeste de peuple à peuple, s'appelle la guerre.

Le phénomène de la destruction se manifestant partout dans la nature avec une généralité, une force et une évidence incontestables, il était logique que l'homme se trouvât enveloppé dans son action.

Malheureusement, l'expérience n'est que trop d'accord, ici, avec la logique ; elle démontre par l'exemple du présent aussi bien que par celui des siècles passés, combien il est utopique de croire que l'homme puisse se soustraire aux conséquences de la loi immuable et universelle qui régit tous les êtres.

***

Plus on observe, plus on est amené à reconnaître que la lutte, qui existe et a toujours existé partout, est une des conditions imposées à chaque créature vivante, quel que soit le rang qu'elle occupe dans l'échelle des êtres.

Les hommes, comme les animaux, ont, à l'état primitif, réglé leurs différends, leurs rivalités, leurs procès par le combat, et si la société, enfin constituée, a pu arriver, comme arbitre, à imposer la raison et le droit à la brutalité et à la force dans les dissentiments des individus, il n'existe pas entre les nations de puissance médiatrice capable d'arrêter les guerres.

L'homme n'est donc pas seulement sur cette terre pour y vivre en paix, mais aussi pour lutter et combattre. Dans la lutte incessante qu'il est obligé de soutenir, il doit s'efforcer de puiser, comme une compensation aux horreurs qu'elle entraîne, l'énergie qui élève et l'activité qui fortifie.

L'imminence perpétuelle de la lutte une fois admise, il ne saurait y avoir d'hésitation sur l'étendue des moyens à employer pour y faire face.

Aucun ne doit être négligé.

La conservation est à ce prix, et, quand elle est menacée, tout disparaît avec elle : existence, liberté, fortune. *Capta urbe nil fit reliqui victis.* La ville prise, tout est enlevé aux vaincus.

Les droits et les devoirs, les charges et les avantages de tout homme civilisé se résumant dans la nation, c'est à celle-ci qu'il appartient de prendre les mesures nécessaires à la défense commune. La nation, en tant qu'unité sociale, doit donc tendre sans cesse à posséder le maximum de forces auquel il lui soit donné d'atteindre.

Elle ne peut exister d'une manière stable qu'à cette condition, et en suivant une politique où son génie propre se développe virilement à travers les siècles.

Si la préoccupation constante du plus impérieux

des devoirs tend à s'affaiblir chez elle, et que, sous prétexte de travaux de la paix, elle soit entraînée, par mollesse ou par indifférence, à négliger les exercices de la guerre, c'est que cette nation penche vers sa décadence et qu'elle est mûre pour la conquête.

Tout État qui veut vivre est donc obligé d'être fort, et il n'est fort que s'il tire de ses ressources tout le parti qu'elles comportent.

La force d'un État, pas plus que celle d'un individu, ne consiste dans un effort excessif, violent ou momentané : elle repose sur des bases plus solides et doit résulter d'un système permanent, complet, mûrement combiné et méthodiquement suivi. Si l'on tend trop ses forces, elles s'épuisent vite, si on les laisse s'engourdir et tomber dans l'inertie, on cherche en vain à les réveiller ou à les improviser au jour du danger.

Il n'y a que ce qui s'élabore lentement qui dure longtemps.

***

La puissance militaire d'un Etat s'appuie sur des éléments divers dont l'ensemble et la cohésion font la force.

Parmi les principaux éléments constitutifs de cette force, nous citerons le nombre de soldats qu'une nation peut mettre sous les armes, leur force physique et leur intelligence, leur instruction militaire et leur adresse, leur science et leur courage, leur discipline et le talent des chefs, enfin les ressources financières destinées à mettre en œuvre ces divers moyens d'action.

La victoire appartient au peuple qui réunit au plus haut degré, et dans un tout complet, l'ensemble de ces ressources, de ces aptitudes et de ces qualités, dont nous allons examiner tour à tour l'importance et la valeur.

***

L'étendue numérique d'une armée est un élément de force considérable; car si, dans certains cas, l'habileté peut suppléer au nombre, il est facile à un peuple d'en imiter un autre dans les progrès que celui-ci a su réaliser. L'habileté ne tarde pas à être égale des deux côtés, et l'avantage finit nécessairement par pencher du côté du grand nombre. Napoléon lui-même a fait cet aveu, plus significatif dans sa bouche que dans aucune autre, que la victoire, en définitive, reste aux gros bataillons. *Ne Hercules quidem contra duos*. Hercule lui-même ne peut pas lutter contre deux.

S'il est essentiel pour un État d'être fort, et si la force dépend en grande partie du nombre de soldats qu'il peut mettre sous les armes, on est amené tout naturellement à cette conclusion que tout homme en état de porter les armes doit être soldat.

To be or not to be : that is the question.

Être ou ne pas être : voilà la question. Et le choix des alternatives qu'elle laisse n'est pas nombreux.

Convenons, du reste, que cette nécessité logique d'arriver à faire que tout le monde soit soldat, est parfaitement d'accord avec les principes d'égalité qui doivent être la base fondamentale de toute société bien organisée.

Cependant, si tous les hommes valides d'un pays devaient rester constamment sous les armes, personne ne contribuerait à la production, et l'armée, manquant des ressources que procure le travail, ne tarderait pas à succomber en même temps que la nation, faute de moyens de subsistance.

Le problème consiste donc à prélever sur l'ensemble des forces sociales tout ce qui peut leur être emprunté sans altérer leur vitalité.

Deux solutions différentes peuvent être données

à ce problème; soit en restreignant le nombre des soldats appelés sous les drapeaux, et en augmentant proportionnellement la durée du service; soit en enrégimentant le plus grand nombre de soldats possible, et en ne les gardant sous les drapeaux que le temps strictement indispensable à leur éducation militaire.

Le premier système ne résiste pas plus à l'expérience qu'il ne satisfait à un examen sérieux.

Ses principaux inconvénients sont d'être injuste, d'isoler l'armée de la nation, d'exposer celle-là à se transformer en instrument de despotisme, de devenir un principe de dégénérescence pour la famille, et finalement une cause de ruine pour l'Etat.

C'est donc sous une autre formule qu'il faut chercher la solution du problème consistant à réunir dans un même accord ces trois conditions fondamentales : l'économie des ressources de l'Etat ; l'éducation militaire complète ; la durée du service réduite à sa plus stricte limite.

En dehors de ses avantages généraux, cette solution présente ce côté équitable, que le fardeau étant également réparti sur tous, pèse moins sur chacun. Le résultat toutefois serait incomplet et la solution défectueuse, si la durée du service était réduite de telle sorte qu'on n'eût pas le temps nécessaire pour bien former un soldat.

Cet inconvénient peut être écarté cependant et les diverses conditions fondamentales que nous venons d'énumérer peuvent être aisément conciliées, comme nous allons tâcher d'en donner la preuve.

***

On peut dire, sans rien avancer d'excessif, qu'un homme possédant l'instruction élémentaire, ayant appris la gymnastique dès l'enfance, et pouvant être par conséquent déjà au fait de la plupart des manœuvres, lorsqu'il arrive dans les rangs de l'armée, est à même de faire un excellent soldat dans l'espace d'un an à dix-huit mois au plus.

Il n'y a pas un juge compétent et éclairé qui n'admette aujourd'hui qu'un soldat peut être très-bien instruit dans ce laps de temps, et la loi suédoise, qui est conçue dans un esprit éminemment pratique et intelligent, a adopté les délais suivants :

10 mois 1/2 dans l'infanterie et le train ;

12 mois dans l'artillerie et le génie ;

17 mois dans la cavalerie.

Il est vrai que, pour arriver à ces résultats, il faut employer le temps utilement et ne pas laisser le soldat se perdre et se démoraliser dans la vie de caserne.

Néanmoins, au lieu de ces termes rapprochés, nous demanderons dix-huit mois en moyenne, d'abord, parce que nous sommes placés actuellement sous la pression de circonstances impérieuses et menaçantes, ensuite, parce que nous croyons utile de rappeler de temps en temps sous les armes le soldat qui a servi, afin de ne pas lui laisser perdre le fruit de l'instruction précédemment acquise.

Voici, au surplus, comment nous formulerions les bases sommaires de la loi militaire édictée selon nos principes :

***

Tout Français en état de porter les armes est soldat à partir du jour où il atteint vingt ans.

La durée du service actif est de dix-huit mois répartis sur trois périodes, la première de douze mois à l'âge de vingt ans; la seconde de quatre mois, à l'âge de 25 ans, et la dernière de deux mois à l'âge de trente ans.

Dans les corps spéciaux, les hommes seront retenus le temps nécessaire pour compléter leur instruction militaire, sans que la durée du service actif puisse cependant excéder, en aucun cas, deux années.

Tout homme pourra s'engager dans le service actif pour un temps plus long que celui auquel il est astreint par la loi, tout homme vétéran recevra une solde progressive et aura droit, après dix ans de service dans l'armée active, à un emploi suffisamment rémunéré dans une administration publique; après vingt années, il aura droit à une pension de 1,000 francs; le sous-officier à 12 ou 1,500 francs, l'officier à une solde et à une retraite proportionnelles. Les grades conférés par l'autorité ne deviendront définitifs qu'après un examen officiel et sérieux. Aucun homme ne pourra entrer dans le cadre des officiers supérieurs passé l'âge de quarante-cinq ans.

L'armée est partagée en trois bans.

Le premier ban, ou armée active, se compose de tous les engagés volontaires et de tous les soldats de 20 à 30 ans.

Le second ban, ou armée territoriale, est composé des hommes de 30 à 40 ans.

Le troisième ban, ou armée de réserve, comprend tout le surplus des hommes valides de la nation.

***

Le chiffre des adultes qui atteignent chaque année en France l'âge du service militaire étant d'environ 350,000, il en résulte que le contingent annuel des hommes valides peut être évalué *grosso modo* à 200,000. On appellerait ces 200,000 hommes sous les drapeaux partie au printemps, partie en automne, afin de ne pas apporter de perturbation dans le cours des fonctions sociales et afin de ne pas déverser subitement dans l'armée une trop grande masse de recrues.

En outre de ce premier contingent, on pourrait compter, haut la main, sur un appoint de 50,000 vétérans ou engagés volontaires, faisant de l'état militaire leur carrière, soit par goût, soit en vue des avantages que nous venons d'indiquer plus haut.

Ajoutons à ces deux chiffres celui d'un roulement de 50,000 hommes, fourni constamment par l'armée territoriale, dont tous les hommes doivent passer à tour de rôle dans les rangs de l'armée active, et enfin le corps des officiers et sous-officiers, qui peut être évalué de son côté à 50,000 hommes (1), nous arrivons à un total de 400,000 soldats, constamment sous les armes.

(1) La proportion des officiers aux soldats est généralement de 1 à 20 ; mais, avec un système armé dont la *réserve* constitue la principale force, il est nécessaire qu'il y ait beaucoup d'officiers dans l'armée active, afin qu'on soit à même d'y puiser largement, comme dans une pépinière nombreuse et bien fournie.

Le second ban se composerait de neuf contingents de 200,000 hommes, qu'on peut réduire à 150,000 si l'on tient compte des pertes et des non-valeurs.

Cela nous donne un second total de 1,350,000 hommes.

Le troisième ban, comprenant tout le surplus de la population valide au delà de l'âge de 40 ans, composerait un ensemble d'au moins 1,500,000 hommes.

Ces trois chiffres réunis forment un total de 3,250,000 hommes.

Ce n'est peut-être pas assez, mais c'est à peu près suffisant, et en tout cas, c'est mieux que ce que nous avons.

***

Une préoccupation peut surgir, dans l'esprit, à l'énoncé de ces chiffres, qui paraissent considérables au premier abord, parce qu'on n'y est pas habitué.

On s'y habituera!

Mais, va-t-on se demander, comment le pays fera-t-il pour subvenir aux dépenses d'un état militaire semblable?

Nous allons essayer de démontrer en quelques mots que ces dépenses n'ont rien d'exorbitant et sont loin d'excéder les ressources dont dispose la France.

L'entretien d'un soldat coûte chez nous 1,243 fr. en y comprenant tous les services; mais comme, dans l'armée organisée d'après notre système, le corps des officiers serait beaucoup plus nombreux qu'il ne l'est aujourd'hui; comme, d'autre part, nous voudrions qu'on apportât plus de soins au bien-être et à la santé du soldat qu'on ne l'a fait jusqu'à présent, nous évaluerons cette dépense à 1,500 fr. par homme, soit 20 pour cent en plus de celle qui existe actuellement.

L'armée active devant avoir en temps de paix un chiffre permanent de 400,000 hommes sous les armes, il résulte de ce chef une dépense annuelle de 600 millions.

Mais pour recruter en nombre suffisant ce corps de sous-officiers et de vétérans si utiles, les uns et les autres, comme cadres pour l'armée, nous avons prévu qu'on leur allouerait, après 10 et 20 ans de service, des avantages ou des pensions qui les mettraient à l'abri du besoin pour le reste de leurs jours.

Ce corps de sous-officiers et de vétérans, nous l'avons estimé à 50,000 hommes, nous voudrions qu'il pût être de 100,000 et pour partir de notre *desideratum*, c'est ce dernier chiffre que nous allons prendre pour base d'évaluation dans nos dépenses.

***

Les tables de mortalité nous apprennnent que, sur 100 hommes existant à vingt ans, 80 environ vivent encore à quarante ans.

L'Etat aura donc, si l'on prend pour point de départ 100,000 engagés volontaires, tant sous-officiers que soldats, 80,000 pensions de 1,250 francs l'une à servir, en moyenne; soit une charge annuelle de 100 millions à ajouter à la dépense de 600 millions, prévue ci-dessus pour l'entretien de l'armée active.

Cela forme un total de 700 millions, mais il est bon de remarquer que cet énorme total est encore inférieur de 19 millions à celui du budget actuel de la guerre.

Avec ce système, et moyennant cette dépense de 700 millions, la France posséderait donc une armée de 400,000 hommes constamment sous les armes; une seconde armée, toujours prête et non moins bien moins exercée, de 1,350,000 hommes, et comme complément une réserve de 1,500,000 hommes: total 3,250,000 hommes ayant tous passé au minimum dix-huit mois sous les armes.

Quand la France en sera là, elle ne craindra plus les invasions!

Dût-elle, pour y arriver, dépenser un milliard par an, au lieu de 700 millions, qu'elle ne devrait pas hésiter un instant à s'imposer ce sacrifice.

Il vaut mieux dépenser 300 millions de trop par an, que d'être exposé à payer des rançons de cinq milliards qui en coûtent dix et auxquelles il faut ajouter, par surcroît, des provinces en sacrifice.

Il est fâcheux pour la France de ne pas pouvoir dépasser le chiffre de 3 millions d'hommes, mais il est impossible qu'elle fasse moins, si elle tient à subsister comme nation.

L'avenir le démontrera, et il est à craindre que ce soit bientôt!

***

Rome, au début de la République, comptait un citoyen pubère sur quatre habitants; si la France possédait une population aussi saine et aussi vigoureuse, elle pourrait mettre 9 millions d'hommes sous les armes.

Or, elle n'atteint guère, quant à présent, qu'au tiers de ce résultat.

On obtiendra certainement mieux par la suite;

mais il ne faut pas oublier, si l'on veut s'expliquer cette anomalie et rechercher les causes de notre dégénérescence physique, que depuis près d'un siècle, l'inique loi de la conscription confisquait chez nous la fleur des hommes pendant sept ans, à la période de l'âge où ils sont le plus vigoureux; qu'elle était une entrave presque absolue au mariage, et qu'elle poussait d'autant plus à la démoralisation, que le mur de la caserne n'a guère d'autre issue que le cloaque de la débauche.

L'industrie poussée à outrance, mal comprise et mal appliquée, a contribué pour une très-grande part aussi à la dégénérescence de la nation.

Il n'y a donc pas lieu de s'étonner si la race s'abâtardit, et si nous tombons dans une population de plus en plus rachitique et malsaine.

L'organisation que nous réclamons ne violente et ne contrarie aucune des lois de la nature.

Un an passé sous les drapeaux n'est pas un obstacle au mariage, c'est l'occasion d'un exercice salutaire et fortifiant, à la suite duquel l'homme rentre dans son foyer plus sain, plus énergique et mieux trempé qu'auparavant.

Le système de la nation armée offre donc une supériorité évidente, à tous les points de vue, sur le système des armées permanentes, recrutées d'une manière injuste dans une partie seulement de la population, et presque toujours dans la partie la plus ignorante et la plus pauvre, c'est-à-dire la plus faible.

Il entraîne moins de dépenses et il fournit, en cas de nécessité, un effectif plus considérable, non moins instruit, et d'un niveau moral infiniment supérieur.

Plus d'un docteur ès-préjugés ne manquera point de faire observer qu'il ne suffit pas qu'un soldat apprenne à manier le fusil, mais qu'il est en outre indispensable qu'il soit rompu à la discipline militaire, et qu'il ne faut pas un délai moindre de cinq ans pour obtenir ce résultat.

Nous nous hâtons de convenir, à ce propos, que les arguments en faveur de la routine n'ont jamais fait défaut à ceux qui de tout temps s'en sont constitués les protagonistes, mais que si on les avait écoutés, on n'aurait jamais fait un pas en avant.

Il s'agit donc, ici, de se décider, non pas pour un système parfait, mais pour le système le moins imparfait.

Certes, nous ne contestons pas qu'un soldat qui a

passé cinq ans sous les drapeaux possède plus d'expérience et d'esprit militaire qu'un soldat d'un an ou de dix-huit mois; mais nous demandons s'il vaut mieux avoir cinq soldats d'un an qu'un soldat de cinq ans, et nous renvoyons la question aux 300,000 hommes qui, dans la guerre de 1870, défendaient notre frontière contre 800,000 Allemands.

En résumé, le système que nous venons d'exposer comporte cela d'avantageux, qu'il n'apporte aucune perturbation grave dans les habitudes de la vie sociale.

Il est, de plus, un des meilleurs gages de paix, par la raison qu'il est infiniment mieux approprié à la défense qu'à l'attaque.

En effet, que ce système soit adopté partout, comme il ne manquera pas de l'être s'il est réellement bon, son premier résultat sera de mettre un frein à la guerre, en rendant chaque nation très-forte chez elle, tout en la maintenant relativement faible au point de vue agressif.

S'il est facile, en effet, de concentrer toutes les forces d'un pays sur lui-même, il l'est beaucoup moins de projeter au dehors une masse de plusieurs millions d'hommes, de pourvoir à son transport, d'assurer son entretien et sa subsistance.

Le système de la nation armée, si odieux aux despotes et notamment à Napoléon Ier, se recommande donc par de nombreuses qualités qui lui sont propres; il ne se prête ni aux conceptions ambitieuses ni à la folie des conquêtes, ni aux coups d'Etat; il substitue aux prétoriens, les soldats de la patrie, il permet de respecter les droits de la nature et de la famille, il n'apporte pas d'obstacle au mariage, il habitue la population tout entière aux exercices virils, en faisant de l'armée l'école de tous les citoyens; il est fondé sur les lois de l'équité et aboutit, à quelque point de vue qu'on l'envisage, à des résultats salutaires. Il est bien entendu qu'en demandant que toute la nation soit militaire, qu'elle le soit également et sérieusement, nous rayons le volontariat de notre programme.

L'objection la plus grave qui puisse être soulevée contre notre système, serait peut-être motivée par la crainte qu'on n'arrivât pas à instruire et à former des cadres en quantité suffisante pour y introduire une masse d'hommes aussi considérable que celle qu'il aurait pour effet d'enrégimenter sous les drapeaux.

***

Nous attachons, comme tous les gens spéciaux et compétents, une importance extrême à l'établissement de bons cadres; mais nous sommes persuadé qu'on arriverait à en faire d'excellents, si l'on consentait à assurer l'avenir du soldat par un bien-être complet.

Multitude de jeunes gens, assez instruits et suffisamment intelligents pour devenir d'excellents sous-officiers, pour parvenir même au grade d'officier, s'adonneraient très-volontiers à la carrière des armes, s'ils étaient sûrs d'y trouver avenir et profit. Loin de nous la pensée de vouloir rabaisser ce qu'il y a de noble et de désintéressé dans la profession militaire et de prétendre faire de l'intérêt son seul mobile ou même son mobile essentiel. Le dévouement ne s'achète pas, nous le reconnaissons; mais ce n'est pas une raison pour ne pas le récompenser ou pour le récompenser insuffisamment, là où il se rencontre. Or, nous croyons qu'un des meilleurs moyens de l'encourager, c'est de le bien rétribuer. Tout est positif en notre siècle.

Quelle que soit la profession qu'il embrasse, chaque homme est amené à calculer plus ou moins les avantages matériels qui doivent en résulter pour lui. La question d'avenir intéresse tout le monde. Payez donc largement vos officiers et vos sous-officiers, assurez-leur de bonnes pensions et il est certain que vous ne rencontrerez pas plus de difficultés à en trouver cinquante et même cent mille, que l'Angleterre n'a de peine à réunir ses 250,000 mercenaires.

Pourquoi voudrait-on que, dans un pays naturellement belliqueux comme la France, on ne parvînt pas à retenir sous les drapeaux cent mille officiers ou sous-officiers, alors qu' un pays voisin arrive, par le simple appât d'une haute paye, à réunir un nombre plus que double de simples mercenaires, qui n'ont pas, comme chez nous, l'espoir de l'avancement et de la récompense due au mérite ? La tâche n'a rien d'impossible et elle serait d'autant plus facile en France que l'armée n'y est plus, comme autrefois, recrutée dans la partie pauvre, ignorante et déshéritée de la nation, mais qu'elle s'alimente partout, qu'elle embrasse toutes les intelligences, toutes les aptitudes et toutes les forces vives du pays.

Qu'on rende donc la carrière militaire aussi avantageuse qu'elle est honorable, qu'on stimule l'émulation, qu'on récompense le mérite, qu'on assure l'avenir du soldat et l'on trouvera à former autant d'officiers et de sous-officiers qu'on voudra, en puisant dans cette innombrable jeunesse, qui ne demande qu'à suivre son penchant pour les armes.

Exigez beaucoup, récompensez bien, vous obtiendrez ainsi d'excellents cadres et un bon service.

II

Nous allons maintenant passer en revue les différentes qualités et les aptitudes qui contribuent, selon nous, à faire un bon soldat.

Il faut cultiver chacune de ces qualités en tâchant de les acquérir toutes, car c'est leur réunion en un faisceau uni qui constitue la force de l'armée et qui assure son succès.

La vigueur physique est un don naturel que la culture et l'exercice peuvent développer.

Les bonnes mœurs, et les lois qui les protégent, préparent les belles générations ; une vie sobre et régulière les conserve.

L'exercice développe la force et entretient la santé ; les bains resserrent les muscles et habituent à la propreté ; la gymnastique, pratiquée dès l'enfance, donne de la souplesse aux membres et accroît la vigueur du corps. Il importe qu'elle commence de bonne heure, parce que, alors, les membres sont flexibles et que le corps se prête aisément à tous les exercices.

On est arrivé à améliorer sensiblement les races

d'animaux et les types des plantes. Il n'est pas douteux qu'on arriverait avec le même succès à perfectionner la race humaine, sans froisser aucun sentiment et tout en apportant à cette œuvre, éminemment philanthropique, la mesure et la délicatesse que comporte la dignité du sujet.

Un pays où le célibat ne serait pas toléré, en tant qu'institution, où les lois militaires n'entraveraient pas le mariage à l'âge où il est précisément le plus convenable, et où des lois bienfaisantes tendraient, au contraire, à favoriser le développement de la famille, à propager le bien-être et les habitudes d'hygiène, ne tarderait pas à posséder une population saine, abondante et vigoureuse.

Le législateur ne saurait apporter trop de sollicitude, ni attacher trop d'importance, à cette grave question du perfectionnement de la race humaine.

C'est mériter le titre de bienfaiteur de l'humanité que de travailler à l'amélioration physique de l'homme, de contribuer par ses efforts à procurer au plus grand nombre d'êtres possible cette santé du corps, compagne intime et inséparable de la santé de l'esprit.

Toute amélioration apportée dans les conditions matérielles de l'humanité a pour conséquence logique une amélioration analogue dans les facultés morales, et en rendant chacun plus fort, plus robuste et mieux portant, on contribue aussi à son élévation morale, et l'on augmente la somme du capital humain de ce que chaque individu vaut en plus.

***

Ajoutons que les qualités du soldat ne reposent pas uniquement sur sa force et ses aptitudes physiques ; l'intelligence, l'adresse, l'habileté, contribuent, comme il a été dit, pour une bonne part dans la réunion de cet ensemble parfait auquel il faut s'efforcer d'atteindre.

L'intelligence est une qualité d'esprit qu'il est difficile d'inculquer à ceux qui ne la possèdent pas naturellement, mais on peut toujours la développer par l'instruction, le travail et l'émulation.

Une instruction complète, jointe à la discipline la plus rigoureuse et à un sentiment du devoir très-développé, donnera seule le courage et l'énergie qui, après avoir arraché un premier succès, en assurera les résultats malgré la fatigue et les obstacles.

La supériorité du soldat allemand, dans la dernière guerre, s'est moins affirmée sur les champs de bataille, que dans la patience qu'il a mise à supporter les longues marches qui, souvent, précédaient ou suivaient de très-près les combats.

Quant aux autres qualités morales du soldat, elles dépendent beaucoup de l'éducation et du bon exemple, car l'homme est essentiellement imitateur et copie volontiers ce qu'il voit faire autour de lui.

Il est bon d'inspirer au jeune homme l'estime de soi-même, l'amour de la patrie, l'esprit de sacrifice, la confiance qui naît d'une cause juste et ce sentiment si élevé et si admirable, quand il est pur, qu'on nomme l'amour de la gloire.

C'est en agissant d'après ces tendances et en faisant mouvoir ces ressorts, qu'on arrivera à élever le niveau moral de l'armée et à lui donner, par cela même, une force incomparable.

***

A la force et à l'intelligence, il faut savoir joindre aussi l'adresse, car l'habileté, dans un art quelconque, est comme une sorte d'appoint qui vient augmenter, dans une proportion sensible, la valeur propre de l'individu qui se l'assimile.

Des soldats adroits et rompus à tous les exercices

auront une supériorité évidente sur des soldats inexpérimentés, ou instruits d'une manière incomplète.

L'histoire des nombreuses victoires remportées par de bonnes troupes sur des troupes supérieures en nombre, mais inférieures en qualité, est là pour démontrer que l'habileté manœuvrière est le véritable coëfficient de la valeur du soldat.

Il ne faut pas voir, dans cette opinion, une contradiction avec l'idée de réclamer un service de courte durée, mais le désir nettement précisé de voir le temps du soldat constamment et utilement employé.

Parmi les exercices d'adresse, un de ceux que nous considérons comme les plus utiles à cultiver, est l'exercice du tir.

Avec les armes à longue portée, dont l'usage tend de plus en plus à se répandre, la mousqueterie nous paraît destinée à se substituer dans un grand nombre de cas à l'artillerie et à acquérir, quoique celle-ci ait fait d'immenses progrès, une influence de plus en plus décisive sur le sort des batailles.

Il est donc de la plus haute importance de diriger ses soins de ce côté, et, pour arriver à des résultats aussi efficaces que possible, d'inculquer le goût du tir aux jeunes gens, dès l'enfance, sans cesser d'en faire l'objet d'une étude spéciale et suivie pour les hommes mûrs.

***

La gymnastique peut être considérée comme la première et la meilleure école du soldat; elle doit être commencée, comme nous avons eu soin de le dire, dès le premier âge.

La maturité physique précède la maturité morale.

Il est reconnu que lorsque certaines connaissances n'ont pas été acquises dès l'enfance, il est presque impossible de se les approprier ensuite.

On taxerait d'ignorant l'homme qui commencerait à apprendre à lire à vingt ans, on le jugerait incapable d'atteindre jamais à une culture intellectuelle complète, et l'on aurait raison. Mais on ne s'aperçoit pas qu'on commet une inconséquence beaucoup plus choquante encore, quand on attend qu'un adulte ait vingt ans révolus pour lui apprendre à être soldat.

Nous voudrions donc voir organiser dans les villes, dans les bourgs, dans les cantons, dans les villages même, des gymnases militaires, d'accès libre pour tous les enfants à partir de l'âge de dix ans; là on leur apprendrait à marcher au pas, à se former en colonne, à manœuvrer, à jouer au soldat, en un mot.

Ils le font déjà d'eux-mêmes et pour s'amuser, jugez avec quel plaisir ils le feraient en voyant qu'on les prend au sérieux !

Ce serait une fête et un plaisir auxquels ils accourraient tous. Afin même d'exciter davantage leur émulation, nous voudrions les voir passer en revue de temps en temps par un délégué de l'autorité communale ; nous voudrions, de plus, qu'on établît des concours régionaux et qu'on décernât des récompenses aux différents corps qui se seraient distingués.

N'est-ce pas ainsi qu'on s'y prend pour encourager les orphéons?

Apprenez d'abord à vous battre! Vous chanterez après vos victoires !

On assure que les jeunes gens de l'école de Saint-Cyr manœuvrent avec une précision qui défie celle de nos meilleurs régiments. Eh bien ! nous croyons qu'en sachant s'y prendre, on formerait une pépinière de petits bonshommes capables d'atteindre rapidement au niveau de leurs aînés.

La gymnastique militaire doit donc faire partie des premiers jeux de l'enfance, être enseignée dans toutes les écoles, cultivée avec soin jusqu'à l'âge mûr; elle contribuera ainsi à faire de tous les enfants des hommes et de tous les hommes des soldats.

Avec une éducation dirigée d'après ces principes, avec ce système d'entraînement, chaque soldat, lorsqu'il serait appelé sous les drapeaux, posséderait déjà la plus grande partie de ce qu'on enseigne aujourd'hui avec tant de peines, de temps et de difficultés à nos recrues.

***

L'apprentissage étant fait d'avance et dans des conditions infiniment meilleures que s'il eût été commencé tardivement, le temps passé sous les drapeaux pourrait être considérablement abrégé au profit de la liberté des citoyens et au grand avantage de l'État.

La nation moderne, parmi laquelle tous les jeunes gens, sans exception, ne sont pas capables, lorsqu'ils ont vingt ans et qu'ils sont appelés sous les drapeaux, de faire tous les exercices, toutes les marches et toutes les manœuvres du soldat, est une nation qui peut parler de progrès, de civilisation et de liberté, mais qui, oubliant les actes pour les paroles, s'endort au milieu d'un rêve indolent, pour se réveiller un jour vaincue et terrassée : c'est une proie préparée d'avance pour la conquête.

Le citoyen, quand il devient soldat, ne doit plus avoir à apprendre que la mise en pratique d'un métier dont il connaît déjà tous les détails et qui lui est en quelque sorte familier depuis longtemps.

Ce qui lui reste à acquérir, c'est l'esprit militaire, l'attachement au drapeau.

***

N'omettons pas de signaler, en dehors des considérations que nous venons d'exposer, l'importance du résultat que doit retirer la nation du rapprochement périodique de cette multitude de jeunes gens, partis des points les plus divers du territoire, dont les habitudes, les caractères et les conditions sont si différents, venant tous répondre à l'appel de la patrie, remplir le même devoir, se ranger sous le même drapeau et se placer côte à côte dans les mêmes rangs, pour y partager les mêmes fatigues et les mêmes dangers.

A ce contact et dans cette fusion des classes, l'idée jaillit, l'intelligence se développe, le moral s'affermit, le progrès se généralise ; c'est dans ce milieu que le campagnard perd sa timidité et sa gaucherie, et que le citadin acquiert les goûts simples, les habitudes saines et fortifiantes de la vie des camps.

L'exemple fournit ainsi à chacun l'occasion d'emprunter à l'autre les qualités qui lui manquent et de se corriger des défauts qu'il peut avoir. De cette communauté fraternelle est appelée à jaillir, comme d'un élan irrésistible, la plus haute expression du sentiment national.

Une armée constituée d'après le système que nous venons d'indiquer, doit devenir promptement solide et forte.

Si elle est exercée sans relâche, assidûment, si elle est soumise à un travail perpétuel et même écrasant, qu'on ne la laisse pas chômer dans les garnisons et qu'elle soit accoutumée fréquemment aux grandes manœuvres, elle arrivera bien près de cet état de perfection qui consiste à doter chaque soldat du maximum de force, d'adresse, de courage et de discipline qu'il soit à même de posséder.

La science, cet auxiliaire aujourd'hui si puissant de l'art militaire, se résume dans la connaissance des faits acquis, jointe à la recherche de ceux qui sont encore inconnus.

Elle assujettit la nature, elle en dirige les forces, elle en utilise les ressources.

Les résultats qu'elle obtient sont tels, que l'imagination reste frappée d'admiration à leur spectacle.

La science marche toujours, progresse sans cesse et l'espace qui lui est ouvert est si vaste que son horizon semble s'étendre au fur et à mesure qu'elle avance.

Elle cherche d'autant plus à conquérir qu'elle a déjà plus conquis.

Vires acquirit eundo (1).

A celui qui va le plus vite, la palme du succès.

Gloire, puissance, fortune, tout lui est promis !

C'est la science qui a substitué la vapeur au muscle, le canon à l'arbalète, la typographie au manuscrit, le télégraphe aux hémérodromes, l'hélice à la pirogue.

C'est grâce à sa formidable puissance, que Cortès, avec une poignée d'Espagnols a pu assujettir tout un continent ; que les Romains ont vaincu l'univers et qu'un simple régiment des armées modernes suffirait aujourd'hui, pour anéantir les nombreuses légions de ces mêmes Romains.

La part de la science dans les résultats obtenus à

(1) Elle acquiert des forces dans sa course.

la guerre a toujours été immense, et si l'on examine l'influence qu'elle a exercée sur la destinée des empires, on reconnaîtra qu'elle a été, dans la plupart des cas, décisive.

Dix mille Grecs, grâce à l'habileté qui seconde leur courage, opposent, à Marathon, une digue insurmontable au flot des hordes asiatiques, les dispersent ensuite à Salamine, et, à vingt ans de distance, parcourent, sous la conduite de Xénophon, le vaste empire des Perses, qui, rien qu'en se serrant, eût pu les étouffer.

La phalange Macédonienne taille dans l'armée des Perses comme le diamant dans le verre.

La légion Romaine, qui lui succède, résume à son tour la perfection militaire d'une époque, et l'on voit quelques milliers d'hommes assujettir le monde entier.

Le canon rudimentaire d'Edouard III permet à 25,000 Anglais d'écraser à Crécy, malgré toute sa bravoure, la chevalerie française trois fois plus nombreuse.

Charles XII bat à Nerva 80,000 Moscovites avec 8,000 Suédois bien disciplinés.

Bonaparte, en Egypte, n'a que la science pour lutter contre le nombre et la fougue d'un ennemi exalté ; il forme le bataillon carré, le fixe comme un point dans le désert, et de ce point jaillit la mitraille qui jonche de cadavres le sol autour duquel tourbillonnent des milliers de Mameloucks.

Plus tard, c'est le canon rayé, c'est le fusil à aiguille, c'est la science enfin triomphant toujours de la routine et révélant, à ceux qui l'interrogent sans relâche, les moyens assurés de vaincre.

Virtute semper prævalet sapientia (1).

Quel stimulant pour le chercheur, le savant, le travailleur assidu, de penser que de son cerveau peut jaillir la découverte qui placera son pays au-dessus de toute atteinte et au premier rang parmi ses rivaux.

Courage donc, chercheurs ! Hardi, savants !

***

On a dit, avec un peu d'exagération peut-être, mais avec un fond de vérité incontestable, que l'argent était le nerf de la guerre.

Cette assertion a été complétement exacte à l'époque où la guerre se faisait au moyen de troupes mercenaires.

Elle l'est un peu moins à notre époque, mais elle

(1) Toujours l'adresse l'emporte sur la force.

l'est encore dans une certaine mesure, et cela par deux raisons principales.

La première, c'est qu'il est incontestable qu'on perd plus de soldats par la maladie et le manque de soins, que par le feu ; l'argent employé à assurer le bien-être du soldat est donc un argent bien employé, mais il ne peut l'être qu'à la condition d'en avoir.

Sans blesser l'amour-propre d'aucune nation, c'est-à-dire en attribuant le fait à une simple question de bien-être, nous croyons que le soldat anglais, qui coûte 2,600 francs par an, est plus solide, mieux portant, plus vigoureux et mieux soigné que le soldat autrichien, qui ne coûte que 900 fr.

En second lieu, il est incontestable que plus on ira, plus la science exercera d'influence sur le sort des batailles; chaque jour elle invente de nouveaux engins, chaque jour elle les perfectionne. Or, ces engins coûtent cher, et, pour se mettre au niveau des progrès incessamment réalisés, il faut être en mesure de dépenser beaucoup d'argent.

Il n'y a donc que les peuples riches qui pourront se donner le luxe d'un armement constamment à la hauteur des inventions nouvelles, des progrès de la science, et qui, par suite, auront l'avantage d'être les mieux armés.

***

Le courage est un élan sublime et désintéressé qui nous porte à braver le péril, quel qu'il soit, par devoir ou par dévouement.

Léonidas et ses trois cents Spartiates ont fait un acte de courage qui n'a pas lassé l'admiration de vingt siècles.

L'histoire, à son honneur, renferme plus d'un trait de ce genre, et le dernier ne s'arrêtera probablement pas à la charge des héros de Reichshoffen.

On n'apprend pas le courage précisément comme on apprend une science quelconque ; c'est un don qui est pour ainsi dire naturel, mais qu'on peut acquérir jusqu'à un certain point, par la volonté, la réflexion, l'exemple et la force de l'habitude.

Plutarque en avait déjà fait la remarque. « Epa-
» minondas, dit-il, sans faire semblant de rien, avait
» de longue main conduit la pratique de lever le
» courage aux jeunes hommes thébains. »

La nature, en effet, ne crée pas un homme brave ou courageux sur dix, c'est l'habitude et la réflexion qui font les neuf autres : de là l'importance de l'éducation militaire.

L'instinct de la conservation fait redouter à tout

homme un danger imminent, mais le devoir, l'habitude, la discipline font taire l'instinct, et l'homme doué normalement arrive à braver le danger, quel qu'il soit.

Alexandre et César étaient naturellement braves, mais Henri IV, Turenne, Lannes, comme tant d'autres, le sont devenus par la force de leur volonté. Ils éprouvaient contre le danger un sentiment de répulsion instinctive, qui se traduisait chez eux par une résistance physique qu'ils sont parvenus à vaincre, mais qu'il leur a fallu un certain effort pour surmonter.

Leur courage, leur bravoure n'en étaient que plus méritoires, soit, mais ils n'en étaient pas moins les fruits de l'art et non l'effet du naturel.

C'est ce qu'il importait de mettre en lumière.

***

Une armée est un composé d'éléments divers dont la cohésion fait la force, et cette force ne s'obtient que par la discipline.

D'ailleurs, les devoirs du soldat sont souvent si pénibles que ce n'est pas trop, pour assurer leur accomplissement, de la crainte des châtiments les plus sévères.

Quelque rigoureuse que soit la discipline, elle sera aisément supportée, si elle est contenue dans de justes limites, si elle ne s'applique qu'à ce qui est strictement nécessaire et si elle n'emprunte aucun caractère humiliant.

Quelle qu'elle soit, du reste, elle doit être aveuglément obéie ; dès que ceux qui y sont soumis peuvent la discuter, elle cesse d'être, et, dès qu'elle a disparu, on peut dire qu'il n'existe plus ni force, ni cohésion, ni armée.

Le soldat, habitué de tout temps à une obéissance absolue, soumis en un mot à une discipline de fer, affrontera seul les dangers, en étouffant le sentiment de conservation qui le porte à fuir.

La discipline place le soldat entre ces deux alternatives : si tu fuis, tu n'es qu'un lâche, tu déshonores ta famille, ton pays, tu mérites une mort immédiate et honteuse; si tu marches en avant, tu as tout au plus une chance sur sept d'être tué.

La discipline ne s'improvise pas, tout homme de sens en convient; c'est donc en temps de paix qu'il faut habituer le soldat à la discipline impitoyable des champs de bataille.

Mais il faut dire aussi, à moins d'avoir le parti pris de toujours rejeter le fardeau sur les mêmes épaules et de disculper le fort aux dépens du faible, que la discipline ne dépend pas moins du chef que du soldat.

Certes, il est inadmissible que le chef doive s'astreindre à démontrer à chaque occasion la nécessité de l'ordre qu'il donne. Tel ordre paraît injuste ou ridicule, parce qu'on n'en connaît pas la raison.

Mais quel cœur un peu élevé ne se sentirait pas poussé à la révolte par un ordre brutal ou injuste, lorsqu'il est inspiré par l'esprit de tyrannie ou par une basse rancune !

Aussi n'y a-t-il que les hommes lâches et vils, pour s'abaisser à de pareils procédés.

Hélas, il y en a ; il n'y en a que trop, et il faut les subir !

Ce sont ces chefs indignes, honte et lèpre de l'armée, qui sont les plus grands destructeurs de la discipline ; ils contribuent à rendre dégradant ce qui doit être l'objet du respect de tous.

Un chef capable, digne d'être respecté, obéi, l'est dans la plupart des cas et l'est presque toujours facilement.

Quand un général se plaint de l'indiscipline de ses soldats, vous pouvez dire, sans crainte de vous tromper : Voilà un mauvais général.

Plus l'instrument qui s'appelle discipline est

aveugle et terrible, plus il a besoin d'être juste et d'être manié par des mains habiles.

Annibal, dont l'armée n'était composée que d'un ramassis de mercenaires de toutes les nations, était parvenu à y établir une discipline parfaite. C'est qu'il savait se faire estimer, en même temps qu'il savait se faire craindre de ses soldats.

C'est en grande partie à leur discipline aussi que les Romains, qui seront les éternels modèles en tout ce qui tient à l'art militaire, ont dû la suite de leurs longs et prodigieux succès. Ils le sentaient si bien que, chaque fois que leur cause faiblissait, ils ne connaissaient pas de meilleur moyen de la relever qu'en renforçant la discipline. Appius et Manlius en ont donné de terribles exemples, mais nous n'allons pas jusqu'à conseiller de les imiter, quoique nous reconnaissions sans peine qu'il était plus aisé d'obéir à l'âpre et cruel vainqueur de Véséris qu'au vil capitulard de Metz.

***

Il nous reste, à ce sujet, à examiner la part qui revient au talent des chefs, dans cet ensemble d'éléments divers d'où résulte la force des armées et la puissance militaire d'une nation.

Le nombre et la valeur des soldats sont pour beaucoup dans la victoire, leur habileté et leur discipline entrent pour une grande part dans le succès, mais tous ces éléments de réussite sont eux-mêmes subordonnés à la direction du chef, à celui dont l'âme les anime et qui ne fait d'eux tous, en quelque sorte, qu'un seul corps obéissant à une même pensée.

Le talent du général a donc une importance capitale, mais, il faut bien le dire, l'art de former des capitaines au moule des Napoléon, des César, des Annibal, des Pyrrhus ou des Alexandre, est encore à trouver.

Le génie ne s'enseigne pas, et l'unique manière d'en favoriser l'éclosion consiste tout simplement à ne la point gêner.

On reconnaîtra, néanmoins, qu'il y a plus de chances de voir se révéler des hommes de génie dans une armée dont tous les citoyens font partie et où chacun est mis à même de manifester sa vocation militaire, que dans une armée recrutée seulement dans la portion infime et déshéritée de la nation.

S'il est vrai qu'il y ait certains dons exceptionnels qui ne se manifestent point là où la nature n'en a pas déposé le germe, on n'en doit pas moins reconnaître qu'il existe un grand nombre de qualités qu'il est possible d'acquérir à force de travail et d'opiniâtreté.

Ces qualités, bien qu'elles ne suffisent pas pour contre-balancer l'ascendant du génie, peuvent, jusqu'à un certain point, le tenir en échec et quelquefois même finir par en triompher (1).

Le génie, en effet, est une sorte de phénomène accidentel, dont les conséquences tendent naturellement à s'effacer sous l'action lente et continue des phénomènes réguliers.

Beaucoup d'hommes distingués sont arrivés d'ailleurs à faire de grands capitaines, bien qu'ils n'aient pas toujours été doués en principe de ce feu sacré ou de cet ensemble de qualités exceptionnelles qui, portées à leur point culminant, constituent ce qu'on nomme le génie.

D'ailleurs, l'art militaire, qui tend de plus en plus à se rapprocher des sciences exactes, ne consiste pas seulement dans une inspiration soudaine, il est surtout un combiné de réflexion, de prudence, de tact, d'activité et de décision, qualités qui ne sont pas tout, mais qui entrent pour beaucoup dans le succès et que chacun peut plus ou moins parvenir à s'approprier par l'étude et la volonté. On doit donc beau-

(1) Voyez Fabius et Annibal, Wellington et Napoléon.

coup moins s'attacher à former de grands capitaines, qu'à construire une vaste machine dont tous les rouages soient parfaits, depuis la base jusqu'au sommet.

Il est rare qu'une victoire soit improvisée; on peut dire, au contraire, qu'elle est presque toujours le résultat d'un ensemble de mesures sagement concertées, habilement conduites, et que l'art de la guerre se renferme, en quelque sorte, en une question de vaste prévoyance.

***

L'imagination populaire se représente volontiers le héros ou le général comme une sorte de personnage légendaire qui paraît, commande et triomphe. Mais, pour l'apprécier justement, il faut le voir sous son véritable aspect : celui de l'homme luttant au milieu de difficultés nombreuses qui exigent une grande présence d'esprit, et ne parvenant à les surmonter qu'à force de sagacité, de résolution, de persévérance et d'énergie.

Qu'on suive et qu'on étudie attentivement la façon de procéder de tous les grands capitaines : aucun soin ne leur paraît à négliger, aucune précaution ne leur semble superflue, aucune étude rebutante, aucun examen inutile, aucun travail fatigant.

Ils voient, examinent, jugent, comparent et ne se déterminent qu'après avoir tout apprécié.

Alors que, souvent, on croit qu'ils obéissent au hasard, ou qu'ils sont entraînés par les circonstances, ils ont si bien pris leurs mesures que c'est eux qui dirigent le hasard et qui dominent les circonstances. Le hasard, du reste, en tant que chance aveugle, ne ferait que favoriser alternativement l'un et l'autre, ce qui égaliserait les chances de chacun par moitié; mais l'homme de génie s'y prend de façon à arracher la moitié qui lui manque à l'impéritie de ses adversaires, et voilà comme quoi c'est toujours lui qui triomphe.

Masséna, pressé par les agents du Directoire de livrer la bataille qui devait se terminer par la fameuse victoire de Zurich, disait que, s'il ne s'agissait que de livrer la bataille, rien n'était plus facile; le premier venu pouvait s'en acquitter, mais que son but, à lui, était non pas de livrer la bataille, mais de la gagner.

On sait comment il s'y prit pour réussir.

Lorsque les bons généraux livrent bataille, c'est ou qu'ils y sont forcés, ou qu'ils sont déjà aux trois quarts maîtres du succès, par la bonne raison qu'ils n'ont rien négligé pour se l'assurer.

Agissant en cela comme César, ils croient n'avoir rien fait tant qu'il leur reste quelque chose à faire : *Nil actum credens, quum quid superesset agendum.*

***

C'est en appliquant de pareilles maximes, c'est en suivant ces grands modèles qu'on peut espérer les atteindre, et c'est en les étudiant de près qu'on se rendra compte que leurs actes sont toujours calculés et que leurs succès, qui paraissent extraordinaires, sont presque toujours le résultat logique et naturel d'un plan habilement conçu et profondément médité.

Pour avoir de bons capitaines, il faut autant que possible les prendre jeunes, les exciter par l'émulation, les punir rigoureusement à la moindre défaillance, surtout lorsque leur défaite provient d'un défaut de vigilance. C'est ce qui se pratique dans la marine, lorsque survient la perte ou le naufrage d'un navire.

En principe, aucun des emplois supérieurs de l'armée ne doit être donné à l'ancienneté, si le mérite ne s'y trouve pas joint.

La Convention, qui se croyait le droit de décréter la victoire, allait au delà des possibilités humaines, mais au moins son exagération comportait-elle ce palliatif souverain, que le commandement était toujours décerné au plus digne.

S'il ne faut pas tomber dans une exigence aussi extrême, il faut du moins que la faveur ne puisse avoir aucun accès dans les camps et qu'elle soit proscrite, comme la peste, des rangs de l'armée.

Le principe de l'ancienneté est certainement celui qui sauvegarde le mieux tous les droits, mais il importe d'en atténuer les mauvais côtés par l'adjonction d'examens sérieux, ayant pour effet d'exclure les incapables.

En un mot, il faut procéder par élimination plutôt que par sélection, ne jamais conférer de grades sans que le candidat s'en soit montré digne devant une commission d'épreuves plutôt pratiques qu'orales : c'est là le moyen d'avoir des officiers capables et d'élever le niveau moyen de l'instruction militaire.

La France, il est triste de le constater au milieu des circonstances périlleuses qui l'entourent, pèche surtout par le manque d'officiers capables.

Les chefs de l'armée s'assimilent trop volontiers à ces employés qui donnent — quand ils le donnent — le temps nominal prescrit à leurs travaux, sans souci du résultat accompli.

Il leur manque à la plupart ce qu'on rencontre si fréquemment chez le négociant, chez l'industriel, chez le plus simple artisan même, d'être *à leur affaire*, de s'en occuper sans cesse, de n'avoir pas d'autre objectif en vue ; il est vrai que celui qui est à la tête d'une industrie quelconque, sait d'avance qu'il recueillera les fruits de son travail assidu. Il n'en est pas de même de l'officier, lorsqu'il pressent que ses efforts sont,dans la plupart des cas, exposés à venir se buter contre l'ancienneté, le favoritisme ou l'intrigue.

Ce sont là des plaies béantes qu'il faut se hâter de fermer.

Nous ne craignons pas de le prophétiser, il n'est que temps de s'y prendre!

Depuis les cinq années qui se sont écoulées à partir du plus immense désastre militaire qu'ait encore subi la France et au milieu des menaces permanentes qui continuent à peser sur elle, quel est le cri général ?

Nous manquons de chefs capables !

Quoi, si, depuis cinq ans, un progrès scientifique

ou industriel quelconque eût été réalisé par une nation quelle qu'elle soit, nous nous le serions maintes fois assimilé; nous l'aurions déjà perfectionné, agrandi, dépassé; et quand il s'agit du progrès le plus essentiel de tous, de celui dont notre sort dépend, nous restons stagnants, nous croupissons dans l'ornière!

A quoi attribuer cette fatale inertie, cette incroyable divergence de résultat?

A ce que l'homme travaillant en vue d'un profit qu'il sait devoir être le prix de ses efforts, a sans cesse les yeux et la pensée fixés sur son but, à ce que l'officier voit sa route obstruée par des droits fondés sur la routine, par des règlements étroits et surannés, par les entraves d'une administration sénile et tracassière, et trop souvent aussi par le favoritisme.

Les lois de l'avancement sont toutes à refaire, elles réclament une réforme sérieuse, complète et rapide. C'est là le défaut de notre cuirasse, et il est urgent d'y remédier.

On ne lie pas le sort d'une grande nation à des formules paperassières ou à des droits surannés, fussent-ils cent fois plus respectables que ceux qu'une feinte timidité pourrait seule avoir scrupule de réformer.

Le salut avant tout!

La plupart des chefs de notre armée se sont montrés au-dessous de leur tâche, dans la dernière et cruelle expérience que nous venons de faire à nos dépens; il faut donc procéder à une refonte complète, faire subir l'épreuve du creuset à ceux qui restent, passer le niveau du concours sur tout ce qui conserve des grades, garder les hommes capables, congédier les autres, sauf à leur consentir au besoin la pension à laquelle ils peuvent avoir plus ou moins droit.

Place aux jeunes, et surtout place aux méritants! tel doit être le cri de ralliement d'une armée qui ne veut plus voir à sa tête des hommes capables d'une seule chose : la perdre ou la compromettre.

Age quod agis, jeune officier, travaille à ce que tu fais, c'est ainsi que tu auras chance de devenir un grand capitaine, c'est ainsi que tu répondras aux espérances de ton pays !

En démontrant que la lutte existe partout et qu'elle est imposée à l'homme comme une sorte de loi fatale contre laquelle il doit se prémunir de toutes ses forces, nous n'avons pas entendu exagérer ce côté désolant de l'infirmité humaine, ni nous montrer partisan à un degré quelconque de cet horrible fléau qu'on nomme la guerre, ni même affirmer en principe qu'on n'arrivera pas à atténuer en partie ses désastreuses conséquences.

Nous avons simplement constaté ce qui est, sans misanthropie comme sans faiblesse.

Si l'on trouve que nous avons appuyé avec trop d'insistance sur la fatalité de la guerre, nous répondrons que si jamais ce fléau est destiné à disparaître devant l'action civilisatrice du temps, ce n'est pas de nos jours encore que cet heureux résultat a chance d'être obtenu.

Or, la prudence la plus vulgaire commande de régler ses actes, non point sur des théories plus ou moins problématiques, mais en se conformant aux faits existants.

Or, il convient d'autant mieux de se tenir prêt à toute éventualité qu'il n'y a pas à se faire d'illusion sur la nécessité prochaine où nous allons nous trouver placés, de jouer l'existence et le va-tout de notre pays sur le plus vaste champ de carnage dont il ait jamais été donné à l'humanité de contempler l'horrible spectacle.

Ici, nous n'approuvons pas. Nous voyons, et nous constatons l'évidence qui frappe nos yeux.

***

La guerre est-elle ce véhicule providentiel destiné à transporter violemment la civilisation au milieu des agglomérations barbares? Est-elle cette infusion vigoureuse qui transmet un sang jeune et viril aux sociétés vieillies et usées?

Nous n'avons pas examiné la question à ce point de vue philosophique et élevé, dans une étude toute spéciale, dont le cadre était tracé par le sujet même qu'il devait embrasser.

Nous nous sommes borné à constater un fait et à tirer de ce fait les conséquences qui en dérivent.

Tout homme doit être en mesure de se défendre; toute nation, toute société, est placée dans le même cas.

C'est une condition d'existence, c'est par conséquent la plus importante des questions.

Un peuple ne doit pas s'adonner exclusivement à la guerre, sous peine de devenir un peuple de brigands.

Il ne doit pas davantage espérer se contenir dans les loisirs d'une paix éternelle, car l'histoire démontre que cette paix éternelle n'a jamais existé; que le bien-être alanguit une nation, la rend efféminée et la conduit par une pente insensible à la décadence.

Le corps social, comme le corps humain, a besoin d'activité, et cette activité doit s'étendre à tous les membres.

Voilà pourquoi il faut que tout le monde soit soldat, participe à la défense du sol natal et fournisse sa part d'efforts et de sacrifices pour parer au danger commun.

On saura aisément accorder ce que cette théorie peut présenter de dogmatique et de rigoureux, avec ce que la pratique comporte de réalisable; l'essentiel est de rester fidèle aux principes de la démocratie.

Or, rappelons, en terminant, que les lois politiques et les lois militaires ont entre elles des rapports intimes, et que la force des unes et des autres repose invariablement sur le maintien de la plus grande égalité possible entre tous les citoyens.

CHAPITRE VI

LA RELIGION

Dieu existe-t-il ?

Aucune démonstration logique n'est à même d'en fournir la preuve et cette question, immense entre toutes, restera suspendue comme un éternel problème dans l'esprit du penseur.

Tout ce qu'on peut constater, en faveur de l'affirmative, c'est que la grande majorité des hommes, en tous temps et en tous lieux, a cru à l'existence d'un Être suprême. *In omnium animis Dei notionem impressit ipsa natura,* a dit Cicéron : La nature elle-même a gravé la notion de Dieu dans tous les cœurs.

Mais ce n'est là qu'un argument de fait, et il émane d'un sentiment trop vague, trop indéfini, pour être accepté comme une démonstration convaincante et absolue.

La croyance en Dieu se présente donc sous ce double aspect, qu'elle échappe à tout raisonnement et qu'elle n'en est pas moins généralement admise.

Cette tendance à croire en Dieu n'est pas absolument le résultat de l'instinct, le fait du hasard, et si l'homme aime encore mieux se tromper que de ne croire à rien, cela tient à ce que, s'il ne voit pas l'ouvrier, il distingue son ouvrage partout, comme le dit Jean-Jacques Rousseau.

Quel est l'être pensant chez lequel le spectacle prodigieux de l'univers n'excite pas la plus profonde admiration ?

D'où viennent ces merveilles ?

Sont-elles l'effet d'une vaste prévoyance, dont nous ne pénétrons ni les moyens ni les intentions, ou sont-elles l'effet d'un simple hasard ?

Ah ! certes, le hasard est grand ?

Il est tellement grand, comme on l'a fait observer, que dans l'immensité des siècles, en admettant des milliards de milliards de combinaisons succédant l'une à l'autre, on arriverait avec les lettres de l'alphabet à composer l'*Iliade* d'Homère, peut-être à composer l'Univers dans son tout harmonieux et parfait.

Mais, si le hasard succède au hasard, pourquoi s'arrêterait-il ?

Pourquoi la roue vertigineuse dont l'évolution a atteint juste une fois, s'arrêterait-elle plutôt au but qu'avant ou après le but ?

Non ! laissons là ces sophismes ou ces vains jeux d'esprit.

Entre deux probabilités, choisissons du moins la plus sensée.

La faiblesse de nos organes ne nous permet pas de voir ce qui est placé à une trop longue portée, ni d'entendre le bruit qui se fait à une trop grande distance.

On peut donc bien admettre, par analogie, que la faiblesse de notre intelligence nous rend impossible la solution de certains problèmes abstraits.

Nous permet-elle, par exemple, de comprendre un monde qui commence c'est-à-dire qui est créé de rien, et un monde qui finit, c'est-à-dire qui disparaît sans laisser aucune trace ?

Non, n'est-ce pas ?

Nous permet-elle de comprendre davantage ce que c'est qu'un objet éternel, c'est-à-dire, qui a toujours été, qui est, et qui sera toujours ?

A cette tentative, l'esprit le plus solide deviendrait fou.

Et cependant il n'y a pas à sortir de ce dilemme : ou le monde est éternel, ou le monde a eu un commencement : or, il nous est littéralement impossible d'expliquer l'un plus que l'autre.

Notre entendement a donc des bornes, et l'on a vu les plus grands génies, après avoir lutté en vain pour résoudre les problèmes que ces questions soulèvent dans l'esprit, tourmentés du besoin de croire et, attirés par la foi, se plonger, en quelque sorte, par désespoir, dans l'abîme du *credo quia absurdum*.

L'homme sensé ne va pas si loin, il n'a ni ces désespérances, ni cette passion violente de s'attacher à une croyance quelconque.

Il croit à Dieu plutôt qu'au hasard, mais il pense que, si Dieu n'a point jugé à propos de se révéler autrement que par ses œuvres, il satisfait amplement aux intentions du Créateur en participant à leur accomplissement par son travail, par le culte du juste et par l'amour de ses semblables.

Si l'existence de Dieu se fût manifestée d'une manière évidente et incontestable, on n'eût jamais connu qu'un seul Dieu et qu'une seule religion, comme on ne connaît qu'un soleil dans notre univers.

Cette manifestation ne s'étant jamais produite

dans des conditions telles que la raison humaine pût en prendre acte, l'immense majorité des hommes étant néanmoins entraînée, comme nous l'avons dit, par une sorte de penchant à croire à l'existence de Dieu, l'homme a naturellement cédé partout au penchant qui l'entraînait à *croire*, et il a cédé d'autant plus facilement à cette attraction intime et au désir de lui donner une forme apparente, qu'il y était adroitement incité par ceux qui ont toujours vu dans l'exercice du sacerdoce, un des plus puissants moyens d'influence dont on pût s'emparer pour diriger les masses.

La caste sacerdotale, que nous trouvons dominante à l'origine de toutes les sociétés, s'est attribué en fait, sinon en apparence, la mission de formuler les dogmes de la croyance et de donner aux aspirations vagues de la multitude un caractère défini et une forme déterminée.

De là ces nombreuses religions tirant toutes leur origine d'un même sentiment, celui de la croyance en Dieu, et variant entre elles, quant à l'expression de ce sentiment, suivant le climat, les idées, les milieux et les époques où elles se produisent.

Chacune de ces religions emprunte à l'idée de Dieu, qui persiste à travers tous les âges, un caractère d'éternité qu'elle cherche à s'attribuer et qui n'est qu'apparent, puisqu'il passe de l'une à l'autre et que leur forme est périssable, comme celle de toutes les institutions humaines.

Il est très-vrai qu'il a existé des religions de tous temps, mais il est non moins vrai que ces religions ont disparu à tour de rôle et se sont éteintes au fur et à mesure qu'elles ont accompli leur évolution, dans le milieu social qui les avait enfantées.

***

Ainsi, toutes les religions puisent leur origine, non dans un fait certain, aucune n'étant à même d'apporter une preuve tant soit peu décisive à cet égard, mais dans la tendance qu'ont tous les hommes à croire à l'existence d'un Être suprême.

Chacune d'elles affirme cependant avoir été l'objet d'une révélation qui la rend seule dépositaire de la parole de vérité et, surtout, seule dispensatrice des moyens d'opérer le salut de l'humanité.

Chacune enfin tâche de s'approprier, en les associant à ses dogmes, les préceptes d'hygiène et de morale qui sont l'œuvre du bon sens et de l'expérience, et qui, à ces titres, appartiennent au domaine de la science et de la philosophie.

Les trois caractères ci-dessus sont communs à

toutes les religions. En les examinant l'un après l'autre, on est amené à constater tout d'abord que la croyance dans un Être suprême est indépendante de toute forme religieuse. Or, si elle s'adapte également bien à toutes les religions, c'est donc qu'elle existe en dehors d'elles toutes, et préalablement à elles toutes.

On peut parfaitement croire à Dieu sans qu'il soit nécessaire pour cela d'être juif, chrétien, bouddhiste ou mahométan, mais on ne peut être ni mahométan, ni bouddhiste, ni chrétien, ni juif, sans croire à Dieu.

Certes, il est plus commode de s'abandonner à la routine, d'adopter quelque chose de tout fait et de croire à ce qui est déjà établi que de chercher sa voie et de subir le noble tourment qui nous agite lorsque nous tentons d'aborder les mystérieux problèmes de notre destinée. Mais cette solution est-elle bien digne de notre intelligence et de Dieu même ?

Quoi qu'il en soit, on est amené à reconnaître que si l'idée d'un Être suprême sert de base commune et de point de départ uniforme à toutes les religions, la révélation est le point sur lequel elles diffèrent entre elles et où la scission commence à se manifester.

En effet, si la révélation est vraie pour une des religions existantes, c'est qu'elle est fausse pour toutes les autres. Comme chacune d'elles fait parler Dieu à sa façon et prétend posséder seule la vérité, comme toutes éprouvent une égale impuissance dès qu'il s'agit d'appuyer leurs assertions d'une preuve quelconque, on peut en conclure sans trop de présomption que Dieu ne s'est jamais révélé à aucune d'elles et que, s'il l'eût fait, il s'y serait pris très probablement de manière à ne laisser planer aucun doute sur ses intentions.

Tel est le véritable côté faible de toutes les religions ; aussi, obéissant au sentiment instinctif qui nous porte à élever les plus hauts remparts là où sont les points les plus vulnérables, c'est de ce côté aussi que toutes les religions ont amassé leurs anathèmes les plus vengeurs, leurs menaces les plus terribles. Plusieurs même sont allées, dans leur délire extravagant, jusqu'à jeter, comme un défi au bon sens et à l'humanité, la célèbre sentence : *Hors de moi, point de salut !*

En vérité, Dieu, après avoir fourni avec tant de sollicitude à l'homme les moyens de garantir ici-bas sa frêle existence, serait bien cruel d'avoir négligé de sauver nos âmes, incomparablement plus précieuses à ses yeux, et d'avoir rendu les vérités religieuses, si confuses, si obscures, si difficiles à discerner, que plus des neuf dixièmes de l'humanité en fussent réduits à se trouver fatalement voués à une éternelle damnation !

***

Après avoir affirmé Dieu d'abord, après avoir cherché ensuite à le monopoliser à leur profit, les différentes religions ont complété, nous l'avons dit, leur système théologique en amalgamant à leurs dogmes certains préceptes d'hygiène et de morale généralement conformes aux civilisations, aux époques et aux milieux climatériques où s'exerçait leur action.

Le repos du dimanche, si nécessaire à l'homme pour réparer les fatigues du travail de la semaine, en fait partie; il en est de même des ablutions chez les musulmans, de l'abstention de la chair de certains animaux chez les Juifs, et de tant d'autres prescriptions, qui ont toutes plus ou moins pour but un résultat moral ou sanitaire.

Mais ces préceptes et ces prescriptions qui recommandent le bien, qui imposent certains usages salutaires, ont été considérés à bon droit et de tous temps comme l'œuvre plus ou moins parfaite de la raison humaine.

Leur origine n'a rien de surnaturel, aucun culte n'a droit de les revendiquer comme son patrimoine exclusif, et s'ils s'adaptent à toutes les croyances, si toutes tiennent à se les assimiler, cela prouve simplement qu'ils sont, à l'égard de ces dernières, comme ces vérités générales dont on cherche à s'appuyer dans une démonstration, quand on voit les faits particuliers trop faibles pour se soutenir par eux-mêmes.

La forme religieuse n'est pas plus indispensable à l'existence de la morale qu'elle n'est indispensable à l'existence de Dieu.

Elle ne saurait se manifester en dehors de ces deux principes, tandis que ni l'un ni l'autre n'a besoin de recourir à son aide, pour exister d'une manière complète et indépendante.

On a objecté cependant que, si la morale n'était pas nécessairement un dérivé de la croyance en Dieu, elle enseignerait le bien pour le bien, c'est-à-dire sans but et sans motif, ce qui serait absurde.

Mais, dans l'hypothèse même où Dieu n'existerait pas, celui qui pratique le bien, sans espoir de récompense, ne fait-il pas un acte incontestablement plus méritoire que celui qui agit en vue d'une rémunération égoïste et d'une récompense calculée ?

Fort heureusement le bien ne se trouve pas forcément renfermé dans ce dilemme étroit, d'être ou la conséquence d'un acte illogique, ou le résultat d'un marché plus ou moins usuraire passé entre la créature et Dieu.

La morale indépendante nous enseigne à faire le bien parce qu'il est utile à nous et à nos semblables: ce qu'il nous en coûte quelquefois pour l'accomplir est un sacrifice fait à l'intérêt général, dont chacun de nous a sa part.

Le bien enseigné par la morale est donc, lui aussi, le résultat d'un calcul, mais d'un calcul généreux, établi au profit de l'humanité. Nous demanderons même quelle est la vertu qui a été enfantée par un culte quelconque, en dehors de celle qui naît de la conscience même ?

La morale théologique, au contraire, fût-elle excellente en elle-même, fausse l'esprit et corrompt le jugement.

Elle ne s'appuie pas sur la valeur des principes, mais sur la foi ; elle prétend s'imposer sans contrôle et sans discussion à l'obéissance aveugle des fidèles.

Et la vertu même ne doit-elle pas se sentir profanée, alors qu'on prétend la réduire à n'être plus qu'une sorte de formule du fétichisme?

***

Après avoir établi que tous les cultes sont des formes essentiellement humaines données à l'expression d'un sentiment religieux général et indéfini qui remonte de la créature à Dieu, et après avoir reconnu que tous les cultes se rattachent par un certain côté moral aux institutions et aux lois qui régissent les sociétés, il est essentiel de se rendre compte si, à ce dernier point de vue, ces cultes ou religions ont produit plus de bien que de mal, et si leur doctrine doit être forcément solidaire de celle qui régit l'Etat. En un mot, la religion est-elle indispensable aux sociétés? et si elle ne leur est pas indispensable, leur est-elle tout au moins utile?

Si l'on jette un coup d'œil sur l'histoire et qu'on envisage les faits par leur côté favorable, on peut, à un certain point de vue, considérer la religion comme étant associée à toutes les institutions humaines depuis l'origine des temps, servant pour ainsi dire d'axe indispensable à toute organisation sociale, cultivant les sciences, consolant les cœurs, protégeant les principes de morale, les fortifiant de son autorité et les enveloppant de son auréole, suppléant aux lacunes des lois et remplissant une sorte de rôle providentiel, dont la suppression eût laissé un vide immense et produit un désenchantement profond dans les cœurs.

Mais si l'on pèse judicieusement le pour et le contre, si l'on examine les faits avec toutes les conséquences qu'ils entraînent, c'est-à-dire dans leurs résultats finals, on est amené à constater que la confusion établie entre la religion et l'Etat a presque toujours été pernicieuse à celui-ci; que la religion n'a protégé la science qu'à condition de la maintenir en tutelle et de la châtrer; que celle-ci n'a grandi qu'en s'émancipant; que les sentiments de consolation déversés par la religion dans quelques âmes tendres ne peuvent faire oublier le fanatisme dont elle a imbu tant d'esprits exaltés; que la plupart des bienfaits sociaux attribués à son influence sont dus en réalité aux préceptes de la morale indépendante, et que si certains esprits faibles ont besoin de se cramponner à des illusions caressantes, il ne faut pas exagérer la valeur de ces illusions, au point de leur sacrifier le bon sens et la vérité.

Or, le bon sens et la vérité achèvent de démontrer que les religions ont été causes de la plupart des guerres; qu'elles ont ensanglanté le monde de leurs luttes et de leurs divisions; qu'elles se sont montrées presque partout intolérantes et exclusives, souvent cruelles, toujours ambitieuses, et que, si elles ont fait quelque bien, ce bien se serait presque toujours produit en dehors de leur action propre.

Elles ont eu forcément les vices inhérents à toute puissance contestable et contestée; la violence qui résulte de la faiblesse, la crainte de la vérité, l'âpre ambition qu'inspirent le goût du pouvoir et la nécessité de la tyrannie.

Dût-on même admettre, comme on ne saurait s'y refuser sans injustice, que les diverses religions ont rempli un rôle bienfaisant à leur origine, qu'elles ont eu leur période de transition utile; on n'en est pas moins amené à cette conclusion, que ce rôle s'est exclusivement limité à la période pendant laquelle elles étaient en avance sur la civilisation de leur époque. A part cela, leur influence n'a été que dangereuse et néfaste.

Si les services rendus à l'humanité par la religion, en tant qu'instrument politique et social, sont des plus contestables, s'ils sont limités, en tous cas, à de rares et courtes périodes dont les plus récentes remontent, au moins, à plusieurs siècles, on peut en conclure que l'expérience, jointe au bon sens et à la logique, réclame d'une manière absolue la suppression de l'intervention religieuse dans le domaine des choses temporelles.

***

Rien de moins, rien de plus.

Si l'Etat a le droit de repousser toute immixtion étrangère dans le ressort de ses attributions, il a le devoir, à son tour, de s'arrêter respectueusement devant le seuil sacré de la conscience.

Là est l'asile inviolable de la pensée humaine, de ce qu'elle renferme de plus pur, de plus délicat et de plus élevé.

A chacun donc la liberté de penser selon sa conscience, de s'adresser en toute indépendance à Dieu s'il y croit, de le représenter sous ses emblèmes préférés, de lui rendre un culte suivant les rites de son choix, d'adopter la religion qui l'a séduit, pénétré ou convaincu. Mais, à chacun aussi, par suite du même raisonnement, le droit de donner satisfaction d'une manière intime aux sentiments religieux qu'il éprouve, sans recourir aux dogmes et aux symboles d'un culte extérieur.

L'Etat n'a le droit d'intervenir en aucune façon dans le domaine sacré de la conscience.

Cette protection accordée à l'esprit religieux, et

elle est entière, comme elle doit l'être, nous maintenons que le temporel ne doit pas plus être mêlé au spirituel, que les élans de l'imagination ne doivent être confondus avec les réalités de la vie positive.

Nous n'avons pas fait difficulté d'admettre que la religion ait pu avoir son utilité relative, achetée, il est vrai, au prix de nombreux inconvénients; nous admettrons même, par hypothèse, qu'il ait pu être nécessaire à un certain temps de frapper l'imagination des hommes pour exiger d'eux l'accomplissement du bien. Mais si la loi donnée sur le mont Sinaï avait besoin, pour être crainte et obéie, d'être promulguée au milieu des éclairs et du fracas de la foudre, nous sommes autorisé à croire que nos lois peuvent dorénavant se dispenser de cet appareil grandiose et surnaturel.

Il suffit, aujourd'hui, pour que les lois soient comprises, obéies et respectées, qu'elles soient claires, justes et équitables.

Convenons également et constatons d'une manière nette, que la morale se suffit à elle-même. Elle est capable d'inspirer la vertu sans aucun concours accessoire et n'a besoin d'aucune cérémonie extérieure pour être comprise, goûtée et pratiquée.

Cessons donc d'envisager, à quelque point de vue

que nous nous placions, la religion comme un instrument politique, et comme un rouage social indispensable. Ne la considérons pas, ainsi que faisait Machiavel, comme un simple ressort de police à l'usage des sociétés. Il n'y a de bon et d'honnête que ce qui est vrai ; aussi ne croyons-nous ni aux feintes nécessaires, ni aux mensonges utiles. *Non facienda mala ut eveniant bona.* Ne faisons pas le mal en vue d'arriver au bien. C'est immoral et c'est dangereux.

D'ailleurs, les lois sont établies dans l'intérêt général, en vertu d'un accord commun ; elles sont susceptibles d'être discutées, contrôlées, modifiées ; elles sont soumises aux décisions d'une majorité. Après que cette majorité s'est prononcée, tous les citoyens, sans exception, sont tenus d'obéir et ils peuvent le faire sans se sentir opprimés.

Il n'en est pas de même en ce qui touche aux croyances religieuses ; celles-ci résultent d'un sentiment abstrait, variable à l'infini, insaisissable dans son expression, inattaquable dans son objet.

Aucune majorité ne peut se livrer à la discussion de ces points controversables avec l'espoir de les résoudre d'une manière claire et convaincante, et si, en dehors de ces conditions, elle n'en persiste pas moins à imposer sa décision à la minorité, elle devient forcément oppressive et tyrannique.

La conscience individuelle ne doit relever de la loi qu'au point de vue strict de l'ordre public : à part cela, elle n'accepte aucune dépendance et ne veut pas avoir d'autre protecteur qu'elle-même.

Laissant de côté la question hypothétique et controversable du rôle bienfaisant accompli d'une façon plus ou moins incidente par les religions, la saine notion veut que l'Etat n'ait rien de commun avec elles. Les deux rôles sont entièrement distincts : l'un est tout positif, l'autre est tout idéal.

L'Etat n'a donc d'autre attitude à garder, vis-à-vis des diverses formes religieuses sous lesquelles la foi se manifeste, que celle d'une indifférence et d'une impartialité complètes.

Son rôle est d'administrer des intérêts et non point de diriger des consciences.

Le soin de veiller à l'exécution des lois suffit à sa compétence.

Il n'a besoin d'aider aucune religion, ni d'être aidé d'aucune d'elles.

Il n'a intérêt à en protéger aucune et il n'en doit persécuter aucune.

Sa tolérance doit être absolue ; il ne doit exiger qu'une seule et même chose du croyant, du philosophe et de l'athée : c'est une obéissance commune, égale et universelle pour la loi.

Celui qui croira à Dieu lui rendra un culte sous la forme qu'il jugera convenable.

Un peuple ne sera pas moins religieux parce qu'on le laissera libre du choix de sa croyance, au lieu de la lui présenter toute faite ou de la lui imposer.

Il ne sera pas moins vertueux parce qu'il pratiquera, si bon lui semble, le bien au nom de la morale indépendante, au lieu de la pratiquer au nom de la morale religieuse.

***

Comme conséquence de son attitude indifférente, impartiale et désintéressée à l'égard de toutes les religions, l'Etat se trouvera naturellement exonéré de toute participation aux charges des divers cultes.

Il serait profondément injuste, en effet, d'imposer les frais d'un culte quelconque à ceux qui ne pratiquent pas, alors surtout que l'utilité de ce culte n'est rien moins que démontrée.

Cette utilité étant laissée d'ailleurs à l'appréciation individuelle, il est juste qu'il en soit de même de la rétribution.

L'Etat, dégagé de tout lien avec l'Eglise et de toute compromission avec un culte quelconque, se souviendra mieux qu'il est le représentant naturel des intérêts de tous, et à ce titre, il ne tolérera plus dans son sein des associations faisant du célibat une condition qui, par elle-même, est la négation de toute société, et qui constitue une monstruosité contraire à toutes les lois naturelles et morales.

La liberté lui commande, il est vrai, de laisser aux associations religieuses, ainsi qu'à tout autre genre d'associations, le droit de se constituer comme bon leur semble, en tant qu'elles obéissent aux règles du droit commun; mais il doit leur interdire de formuler des doctrines anti-sociales, et il doit imposer leurs biens de telle sorte qu'elles ne puissent pas arriver au but secre qu'elles poursuivent sans cesse, de s'approprier peu à peu la fortune publique et d'arriver ainsi à la domination universelle.

Que l'État tolère le célibat, puisque la liberté individuelle lui en fait un devoir; soit : mais qu'il tolère qu'on le recommande et surtout qu'on l'impose ouvertement à toute une classe d'individus, qu'il tolère, en outre, qu'on tente d'accaparer la fortune publique, c'est de sa part un suicide effectif que la société ne doit ni subir ni tolérer.

En résumé, la religion, à quelque point de vue qu'on l'envisage, ne saurait être considérée comme un rapport social, et elle échappe complétement à la compétence de l'État, qui n'a rien à lui donner, rien à lui emprunter, rien à recevoir d'elle.

Au point de vue religieux, l'État n'a qu'un seul rôle à remplir et il est bien simple, c'est de laisser chacun libre d'agir selon sa conscience, dans la plénitude de sa liberté et dans les limites du droit commun.

CHAPITRE VII

LA JUSTICE

I

La vie, les biens et la liberté des citoyens dépendent de la bonté des lois, et les lois les meilleures sont inutiles quand elles sont mal appliquées.

C'est pourquoi il importe au plus haut degré que les lois soient justes, claires, sensées, et que l'intérêt ou les passions ne puissent jamais en influencer l'application.

Il est indispensable, à cet effet, que le soin de faire exécuter les lois soit confié à d'autres qu'à ceux qui sont chargés de les établir, sans quoi il y aurait confusion de pouvoirs et il n'existerait plus de garantie véritable pour sauvegarder ce que l'homme a de plus cher.

Le pouvoir législatif et le pouvoir judiciaire doivent donc être complétement séparés et absolument indépendants l'un de l'autre.

Il est à remarquer que les lois civiles sont toujours en rapport étroit avec les lois politiques; que les unes comme les autres sont modifiables; qu'elles changent suivant les temps, les milieux et les mœurs; que la rigueur des peines, entre autres, varie suivant l'état de civilisation d'un peuple, et que, généralement, plus cette civilisation est avancée, plus les peines sont légères. C'est qu'alors on les sent davantage, et que l'éducation, le bien-être nous rendent sensible une punition qui, à une époque moins avancée, n'aurait produit que peu ou point d'effets.

***

Quoique les lois répressives aient surtout un but préventif qui n'est autre chose, en somme, que l'intimidation à l'égard du méchant, il est bon qu'elles conservent toujours un caractère doux et humain; car si la crainte du châtiment arrête quelquefois le crime, il ne faut pas oublier qu'elle ne l'empêche pas toujours.

Or, toute barbarie inutile est blâmable.

Le droit de punir n'est pas un droit fondé sur l'esprit de vengeance, mais bien sur une nécessité de défense et de protection sociales, en même temps que de justice.

L'étendue des peines doit être précisée et déterminée d'avance. On ne saurait trop s'appliquer à rendre la loi simple, claire et concise.

Une loi bien faite doit pouvoir être exécutée à la lettre sans qu'il faille recourir à l'interprétation toujours plus ou moins arbitraire du magistrat.

La clarté est une garantie d'impartialité, elle est en outre un gage de promptitude et il importe beaucoup que la justice soit rendue d'une manière non point hâtive, mais rapide.

***

Il est regrettable que la loi ne puisse atteindre tous les coupables, mais il serait plus regrettable encore, pour vouloir aller trop loin dans la voie de la répression, qu'on en arrivât jusqu'à atteindre des innocents.

Il y a longtemps qu'on a dit qu'il vaut mieux absoudre dix coupables que de condamner un innocent. Cette maxime, remplie d'humanité, ne saurait jamais être trop scrupuleusement observée dans la pratique.

Si les lois ont pour but, comme cela n'est pas douteux, de garantir les biens, la liberté et la sécurité des citoyens, si elles sont faites, en un mot, dans l'intérêt général, en vue du maintien de l'ordre social, chaque citoyen doit être pénétré de respect à leur égard, et il doit comprendre qu'elles sont un patrimoine à lui, comme son champ ou sa maison, et qu'il a tout avantage à les défendre.

Les malfaiteurs seuls étant en lutte avec la société, peuvent être tentés de haïr ou de transgresser ses lois.

Ceux qui les appliquent doivent être avant tout impartiaux ; nous ne connaissons pas de peine assez sévère contre le juge prévaricateur.

***

Le magistrat, digne de ce nom, doit se montrer doux sans faiblesse, ne pas confondre l'arrogance et la morgue, écueils où il lui arrive trop souvent de se heurter, avec la dignité calme qui sied à son noble ministère.

Ce n'est pas l'homme qu'on respecte en lui, il est nécessaire qu'il le sache bien, c'est la loi dont il est l'interprète et le représentant.

Dans une république, chaque fonctionnaire, magistrat ou autre, n'est que le serviteur du peuple ; celui-ci seul est souverain, et depuis le chef de l'Etat jusqu'au dernier garde champêtre, chacun est tenu de garder une attitude respectueuse devant la nation : et, la nation, c'est tout le monde.

Le peuple a des serviteurs, il n'a point de maîtres ; c'est ce qu'on paraît oublier trop souvent, dans certains prétoires où, sous prétexte de rehausser la dignité du magistrat, on permet abusivement à ce dernier de faire comme litière de celle des justiciables.

Un des meilleurs remèdes à apporter à la tendance arrogante de quelques magistrats, un des plus sûrs moyens de stimuler le zèle de tous et de s'assurer leur impartialité, c'est de rendre leurs fonctions électives.

Le peuple est peu accessible à la faveur et il possède en général un bon sens parfait pour discerner ceux qui méritent sa confiance.

Le système électif, appliqué à la magistrature tout entière, et dont on peut d'ailleurs mitiger la forme, nous paraît donc l'emporter de beaucoup par ses avantages sur le système de l'inamovibilité, qui laisse place à trop de moyens d'influence pour être considéré comme un gage d'indépendance, efficace et sérieux. Tant que l'avancement du juge dépendra de l'autorité administrative, on luttera en vain contre la tendance fatale qui aboutit à faire du magistrat un fonctionnaire, et du fonctionnaire un serviteur plus ou moins complaisant.

Il est vrai que si la nomination du juge est confiée au justiciable, l'impartialité, dans certains cas, pourra devenir bien difficile pour le premier.

Mais, pour remédier à cet inconvénient, il suffirait de combiner le système de l'élection avec celui de la sélection ; de laisser, par exemple, la magistrature se recruter elle-même, nommer ses présidents et choisir ses membres sur une liste contenant le triple des noms à élire.

Cette liste pourrait être dressée par canton pour les juges de paix, par arrondissement pour les juges à la Cour et par département pour les juges à la Cour de cassation. Une première élimination d'un tiers serait faite par voie de concours, afin qu'on soit sûr de trouver dans le magistrat, non-seulement des garanties d'indépendance, mais aussi des garanties de capacité. La moitié des noms restant donnerait lieu à un dernier choix de la part de la magistrature elle-même.

De cette façon, la magistrature donnerait toute

satisfaction à l'opinion, tant par son origine que par ses lumières; elle jouirait d'une complète indépendance et serait à l'abri de toute tentative de corruption de la part du pouvoir exécutif.

***

Ajoutons que la justice doit être essentiellement gratuite, et qu'elle doit abandonner définitivement ces vaines prétentions à l'infaillibilité, dont trop d'exemples ont démontré l'abus et le néant. Qu'elle soit donc ce qu'elle doit être, c'est-à-dire humaine et impartiale; elle aura alors tous les respects.

Ces sortes d'hommages ne se commandent pas, on ne les obtient qu'en les méritant.

Demandons encore et surtout, si nous voulons arriver à obtenir des garanties complètes d'impartialité, qu'aucune condamnation ne puisse être prononcée contre un citoyen sans un débat public et contradictoire, et exigeons que le jury soit appliqué à tous les délits sans exception.

Une nation qui prétend se gouverner elle-même, doit savoir se rendre elle-même la justice.

Or, l'institution du jury est l'instrument le plus simple et le plus parfait pour y arriver. Il devrait être étendu à toutes les juridictions, au civil, comme au criminel.

Rien n'est à la fois plus beau, plus juste et plus rassurant que d'être jugé par ses pairs.

II

De nombreuses réformes ont besoin d'être apportées au régime pénitentiaire. Il est prouvé, par l'expérience, que le système de l'agglomération dans les prisons est pernicieux, car le condamné en sort généralement plus perverti qu'il n'y est entré.

L'accroissement incessant de la récidive démontre d'une manière péremptoire les vices de ce système.

La société qui doit se défendre et qui a, par suite, le devoir de réprimer et le droit de punir, doit le faire avec précaution et discernement; le but du châtiment est d'abord de mettre obstacle à ce que le coupable puisse continuer à nuire, et ensuite de détourner, par l'exemple de la peine dont il est frappé, ceux qui seraient tentés de l'imiter. Cette peine, pour atteindre au résultat voulu, ne doit avoir que le degré de rigueur strictement nécessaire.

Il ne s'agit point pour la société de s'abaisser jusqu'à se venger d'un ou de plusieurs de ses membres.

Elle doit s'efforcer de moraliser et de réformer le méchant; si elle ne peut y réussir, elle a le droit de s'en débarrasser.

Voilà pourquoi il nous semble, après que des efforts sérieux, intelligents et dévoués auraient été faits pour amender le coupable, que la société est amplement autorisée à recourir à la déportation en cas de récidive.

Le travail, l'absence, l'éloignement des mauvais exemples et de la tentation, tout contribue à une réforme salutaire, dont maints exemples pratiques attestent de nos jours l'efficacité.

***

S'il faut éviter autant que possible le régime de la prison aux condamnés, à plus forte raison doit-on éviter, sauf le cas d'absolue nécessité, de recourir au mode de la prison dite préventive, vis-à-vis de ceux qui ne sont qu'accusés.

La société a le droit et le devoir de prendre ses garanties; mais il est hautement désirable que le système des cautions soit substitué à l'emprisonnement préventif, chaque fois que cela peut se faire sans désarmer le ministère public.

L'équité veut qu'une indemnité soit allouée à tous ceux qui auraient été accusés injustement ou qui auraient été reconnus innocents après leur condamnation. C'est là une réparation nécessaire, une lacune essentielle à combler dans nos lois.

***

Tout système de répression devant avoir pour but de moraliser et de réformer, le traitement des prisonniers devrait être réglé d'après leurs dispositions et leur conduite dans la prison. Il faut éviter les punitions humiliantes ou cruelles et s'attacher toujours à ramener le détenu au respect de lui-même, de sa dignité égarée mais non perdue, et l'encourager dans ses progrès vers le bien, de manière à faire renaître l'espérance dans son cœur.

Les directeurs et les employés des prisons ne devraient jamais perdre de vue que les prisonniers sont capables de réforme, et qu'ils ont une mission d'humanité à remplir à leur égard.

La société ne doit pas oublier non plus que sa responsabilité, en ce qui concerne les fautes et les crimes, restera fortement engagée tant qu'elle n'aura pas pris les mesures nécessaires pour modifier les circonstances qui, dans un si grand nombre de cas, font les criminels.

***

Mais, alors même que la société a déployé sa sollicitude pour empêcher le mal, punir le criminel et le réformer, sa tâche n'est encore qu'à moitié remplie ; elle doit obtenir surtout, après l'amélioration morale, la réhabilitation du prisonnier libéré, de façon à prévenir son retour au pénitencier.

Si, une fois élargi, le prisonnier ne trouve au dehors que malveillance et mépris, si personne ne l'assiste dans ses tentatives pour assurer son existence, si, en un mot, il trouve toujours la société en hostilité contre lui, il retombera forcément dans l'ornière fatale.

Il ne suffit donc pas de prévenir la faute, de réprimer le crime, il faut encore empêcher la rechute. On arriverait, croyons-nous, à ce résultat par des institutions de patronage servant de complément aux réformes sociales et pénitentiaires.

***

Tous les hommes frappés par la loi ne sont pas arrivés au même point d'endurcissement dans le mal : les uns ont été entraînés par l'ignorance, une mauvaise éducation, de pernicieux exemples ; d'autres ont failli dans un moment d'oubli, ou dans un égarement de la passion.

Ne serait-il pas juste de faire des catégories et de

ne pas mêler dans une dangereuse promiscuité, ceux qui sont susceptibles de guérison et de retour au bien, avec les natures foncièrement perverties, dégradées, chez lesquelles le sens moral est éteint et la notion du devoir complétement détruite ?

Il est absolument indispensable d'arriver à ce que nos prisons ne soient plus une école permanente de dépravation et à ce qu'un malheureux jeune homme, puni pour une faute quelquefois légère, ne s'assimile pas pour ainsi dire forcément tous les crimes et tous les vices de ces vieux récidivistes qu'on voit développer, avec un art infernal, les théories les plus monstrueuses du vol et du libertinage.

***

Nous devons déclarer, cependant, que nous sommes ennemis du système cellulaire tel qu'il est appliqué dans un grand nombre de nos prisons.

La solitude absolue pour l'homme, c'est la destruction des forces du corps et de celles de l'âme, c'est la torture morale et la torture matérielle réunies, c'est la démoralisation de l'esprit et du cœur, c'est enfin la folie en perspective. Le régime cellulaire devrait donc être mitigé, et cela par des communications constantes avec d'honnêtes gens. En préservant le prisonnier de la contagion du vice, on n'a accompli que la moitié de la tâche ; il faut encore le mettre en contact avec l'élément moralisateur.

Des visites régulières, non-seulement de la part du directeur et des employés, mais surtout de la part des personnes charitables, fussent-elles sans position officielle, sont de nature à exercer l'influence la plus salutaire sur le moral du détenu.

En Belgique, le prisonnier cellulaire reçoit en moyenne trois visites chaque jour, non compris les visites des parents qui ont lieu le dimanche, et celles des membres des commissions de contrôle, de Sociétés de relèvement, d'encouragement, de patronage, etc. Sous l'influence de ce régime aussi humain que sasalutaire, le chiffre de la population des prisons en Belgique s'est considérablement abaissé.

⁂

Nous voudrions donc qu'à l'instar de ce qui se passe en Belgique et en Hollande, les visites fussent journalières dans nos prisons, et les correspondances avec le dehors multiples, consolatrices ; que l'instruction primaire y fût donnée avec sollicitude et régularité ; que chaque détenu eût au moins une heure de promenade au préau ; que les cellules fussent suffisamment aérées, espacées et que le détenu fût pourvu des choses indispensables à son existence.

La loi demande seulement « que le condamné, dont l'ordre public exige la détention, n'ait à éprouver d'autre peine que la privation de la liberté. »

Le travail dans les prisons ne devrait être imposé au détenu comme un des éléments de sa peine, que s'il s'agit des frais de jugement ou d'amende à acquitter, et l'on ne devrait demander à celui-ci que des travaux conformes à son tempérament, à ses forces et à ses aptitudes.

Dans tous les cas, le travail doit être individuel et non pénal ; il permettra au détenu d'acquérir quelques ressources pour le moment de sa libération, d'adoucir sa captivité, d'aider sa famille ou même d'indemniser ceux auxquels il aura porté préjudice par sa faute.

La *soumission* du produit de ce travail à des entrepreneurs est une cause inévitable de concussion et d'exploitation ; elle doit être abolie comme immorale et comme contribuant à rendre les prisonniers plus mauvais.

***

N'est-il pas souverainement injuste que, sur les cinq dixièmes que la loi accorde au détenu dans le produit de son travail et dont la moitié est mise en réserve pour l'époque de sa libération, un de ces dixièmes soit encore retranché pour chaque récidive et donné en prime à l'entrepreneur des travaux? (Ordonnance d'août 1843.)

Le travail par l'exercice ou l'apprentissage d'un métier utile, voilà quelle est la condition expresse de la moralisation du prisonnier. Et quand celui-ci aura appris à gagner sa vie par le travail, on devra encore éclairer son intelligence et transformer son cœur. Il ne suffira pas de lui apprendre à lire, à écrire, à compter; on y ajoutera l'enseignement moral, dans des conférences particulières, de façon à faire surgir en lui les bonnes pensées et à l'instruire sur les points qu'il a le plus d'intérêt à connaître : la nature des fautes et les conséquences qu'elles entraînent.

Pour nous résumer, nous demandons au point de vue de l'application des peines :

1° Que l'on procure au détenu les moyens d'adoucir le régime insuffisant de la prison par l'usage de la cantine ; par l'autorisation de recevoir certains vivres du dehors et cela surtout pour les condamnés politiques qui ne doivent en aucun cas, et sous aucun prétexte, être assimilés aux condamnés de droit commun ;

2° L'amélioration de l'hygiène en augmentant le temps accordé pour la promenade ;

3° La permission de travailler à la lumière pendant les longues veilles d'hiver ;

4° La rémunération du travail industriel des prisonniers dans une mesure plus équitable ;

5° Enfin et surtout un système disciplinaire ayant toujours comme objectif principal la *réhabilitation*, afin que le prisonnier tende, par un effort constant, vers le bien, et qu'il ait sans cesse en vue sa réintégration dans ses droits civils et dans l'estime de ses semblables.

***

On s'est souvent demandé si la société avait le droit de frapper un de ses membres de la peine de mort.

Le droit en lui-même semble incontestable, car il est celui de légitime défense.

La véritable question consiste en réalité à savoir s'il est nécessaire d'exercer ce droit.

Et la réponse à cette question se résume à dire que cette nécessité dépend absolument des circonstances.

Si l'influence de la peine de mort doit contribuer à réduire le nombre des assassins, il faut maintenir cette peine ; si un châtiment moins rigoureux peut atteindre le même résultat, il n'y a pas à hésiter sur la préférence à lui accorder, d'autant plus que la peine de mort est irrévocable et peut laisser, sur la conscience du juge, un remords éternel.

Au reste, plus la société se montrera juste et indulgente, plus elle inclinera vers les moyens de clémence et de réparation, sans cesser d'être ferme et vigilante, plus elle approchera de son but conservateur et philanthropique, plus alors elle verra diminuer le nombre des coupables (1).

Ce n'est pas, en effet, par la terreur qu'on moralise un peuple, c'est par l'instruction, par le travail, par l'indulgence, et comme l'a si bien exprimé Montesquieu dans cette belle pensée : « L'expérience a fait « remarquer que, dans les pays où les peines sont « douces, l'esprit du citoyen en est frappé, comme « il l'est ailleurs par les grandes. »

(1) Ce n'est point par la rigueur des supplices qu'on prévient le plus sûrement les crimes, c'est par la certitude de la punition. — Beccaria.

CHAPITRE VIII

L'IMPOT

L'administration d'un Etat nécessite des dépenses auxquelles il faut pourvoir. De là, l'origine des impôts. Ceux-ci constituent, en fait, des prélèvements opérés sur les particuliers, en vue de suffire aux besoins de l'Etat.

Les impôts étant destinés à rétribuer des services utiles à tous, il est naturel qu'ils soient supportés par tous, et le bon sens indique que cette répartition doit être faite en raison directe du profit que chacun retire de leur emploi.

Peut-être la rigidité de ce principe gagnerait-elle à être atténuée, au point de vue de la stricte équité et dans l'intérêt même de l'Etat, si l'on veut tenir compte des ménagements qu'il convient d'apporter dans la répartition des charges, suivant que ceux à qui elles incombent sont plus ou moins en situation de les supporter.

Un Etat, en effet, prospère d'autant mieux que le travail y est plus généralement répandu et plus également réparti.

Or, le plus sûr moyen, pour atteindre à ce résultat, est de puiser autant que possible les ressources de l'impôt dans le superflu, c'est-à-dire de demander à la richesse un peu plus peut-être qu'elle ne doit, afin de pouvoir ménager davantage l'indigence.

A côté du principe établissant que chacun doit payer en proportion du service qu'il reçoit, l'Etat a le droit d'invoquer un principe supérieur, celui de sa propre conservation, d'où tous les autres dérivent.

Et si sa conservation se trouve intimement liée à l'égale répartition du travail, on admettra bien qu'il soit autorisé à diriger les lois fiscales dans un sens tel, qu'elles obligent insensiblement chacun à se conformer à cette salutaire nécessité.

S'il est vrai qu'il n'y ait de bons gouvernements que ceux dont les intérêts sont identiques à ceux des gouvernés, on sera conduit à reconnaître que les dépenses de l'Etat doivent être réglées par la nation, puisque c'est elle qui paye l'impôt et qu'elle seule doit avoir, par conséquent, qualité pour en déterminer la quotité et l'emploi.

***

Ces préliminaires établis, nous avons à rechercher quelle est la nature des dépenses auxquelles l'Etat doit pourvoir au moyen des impôts.

Les dépenses publiques peuvent se diviser en deux grandes catégories : celles qui sont relatives à l'administration proprement dite du pays, et celles qui ont pour objet de concourir à sa défense.

Il existe, malheureusement, une troisième catégorie de dépenses que certaines circonstances exceptionnelles, ou qu'une administration défectueuse a imposée à la plupart des Etats modernes : c'est celle du service des emprunts.

Il n'est pas sans intérêt de passer en revue ces trois chefs de dépenses et d'examiner les conditions dans lesquelles s'opère leur fonctionnement.

L'administration, proprement dite, consiste à veiller au maintien de la sécurité, à l'instruction des citoyens, à l'observation des lois, à l'application de la justice et à la bonne exécution de tout ce qui emprunte un caractère d'utilité publique.

Cette administration doit être simple, vigilante, économe.

Nous croyons superflu d'ajouter qu'en thèse générale, la plus rigide probité doit toujours présider au maniement des deniers publics.

L'administration évitera, autant que possible,

d'intervenir partout où l'initiative privée est en mesure d'agir par elle-même.

Celle-ci fonctionne mieux, plus vite et dans de meilleures conditions que l'anonymat administratif.

En général, tout ce qui tombe dans le domaine du fonctionnarisme se soustrait à l'aiguillon de la liberté, de la responsabilité personnelle, et, par suite, languit, se relâche et dépérit, tandis que l'intérêt privé active, stimule et fait progresser tout ce qu'il entreprend.

Aussi est-on d'accord pour reconnaître que l'État remplit beaucoup trop de fonctions, et qu'il occupe beaucoup trop de personnel pour remplir ces mêmes fonctions.

L'intérêt public, aussi bien que l'intérêt privé, n'ont qu'à gagner à la simplification sous ce double rapport. Toute fonction d'ailleurs a pour corollaire obligé la responsabilité de celui qui en est chargé.

Engager la responsabilité de l'État au delà des limites qu'elle comporte, c'est donc exposer celui-ci à des embarras et à des périls inutiles.

L'abus du fonctionnarisme est le résultat d'un autre abus, le favoritisme. On a créé beaucoup de places, le plus souvent pour complaire à beaucoup de protecteurs.

Il faut rompre avec ces vieux abus; donner les places à ceux qui sont aptes à les remplir, et exiger un travail sérieux en échange d'une rétribution analogue.

On restituera ainsi à la société toutes les forces vives qui lui sont enlevées à son grand détriment, et on dotera l'État de serviteurs consciencieux et dévoués, auxquels celui-ci n'a droit de prétendre qu'autant qu'il se montre disposé à agir de réciprocité vis-à-vis d'eux.

***

Le second chef de dépenses concerne l'armée et s'applique à la défense nationale. Comme il s'agit là du salut de tous, rien ne doit être épargné, sans néanmoins que la plus sévère économie cesse de présider à l'emploi de la fortune publique.

Les représentants de la nation ne doivent rien négliger pour sa défense; nous allons plus loin, et nous déclarons qu'il n'y a de véritable salut qu'autant qu'une nation a le courage de s'imposer une charge suffisante, pour se tenir constamment en haleine et n'être jamais exposée à se laisser énerver par l'oisiveté.

Il en est d'un peuple comme d'un homme; pour être bien portant, il ne faut pas qu'il soit trop gras.

Les conditions d'une existence douce et efféminée, trop adonnée au luxe et à l'excès du confortable, sont incompatibles avec le maintien de l'indépendance d'une grande nation.

Plenty and peace breed cowards.

L'abondance et la paix engendrent la lâcheté.

La lutte contre les hommes ou contre les choses est, dans une certaine mesure, une loi de nécessité pour les peuples; elle entretient la virilité et rehausse les caractères.

Industriam egestas acuit; affluentiam rerum luxus in inertia sequitur.

La pauvreté aiguillonne l'industrie, l'opulence engendre le luxe et la lâcheté.

Scipion Émilien fut peut-être plus funeste à Rome par la destruction de Carthage, que son aïeul ne lui avait été utile par la célèbre victoire de Zama.

Il est politiquement nécessaire pour une nation d'entretenir une activité perpétuelle dans son sein, de s'imposer par conséquent des charges qui, sans aller au delà de ses forces, maintiennent toujours celles-ci en exercice et nécessitent de sa part une tension continue.

Tout ce que la nation peut, sans excéder ses forces, produire au delà du nécessaire, doit être employé au soin de sa défense, et quand il est suffisamment pourvu à celle-ci, l'excédant doit être appliqué à de grandes et utiles conceptions, à la création de ces œuvres qui traversent les âges et méritent que la postérité s'incline devant leurs auteurs avec reconnaissance et admiration.

Si l'immortel honneur de léguer à l'histoire des souvenirs tels que ceux de Marathon et des Thermopyles n'est point donné à tous les peuples, encore est-il beau de laisser comme vestige de ses traces à travers les âges, des œuvres comme le Parthénon, la voie Appienne ou Saint-Pierre de Rome.

En résumé, il faut que le peuple sache ou apprenne qu'en dehors du labeur destiné à pourvoir aux strictes nécessités de la vie, il est tenu à honneur de s'imposer un viril effort pour parer aux soins de sa défense, et laisser, s'il est possible, une trace de son passage à travers les générations qui se succèdent dans l'humanité.

La satisfaction donnée aux besoins matériels n'entre que pour une partie dans l'accomplissement des destinées humaines, il faut y joindre l'élévation morale pour les accomplir dignement et dans leur réelle beauté.

Oui, il y a quelque chose au-dessus de la vie matérielle d'un peuple ; la question du bien-être n'est pas la seule préoccupation qui doive l'agiter, et l'instinct de la gloire, celui de sa grandeur morale et intellectuelle, laisse entrevoir à ses efforts un but plus élevé.

Ce n'est pas à l'éclat seul de la fortune qu'il faut accorder notre admiration, mais au patriotisme, au mérite et à la vertu.

C'est cette vision, saisie par les grands hommes de l'antiquité, qui les a portés à entreprendre ces œuvres, à accomplir ces hauts faits qui excitent notre admiration et qui ennoblissent l'histoire.

Mais il n'y a pas à se dissimuler que la situation est aujourd'hui singulièrement modifiée.

L'État ne s'incarne plus dans un homme, fût-il un homme de génie ; l'État a perdu toute individualité propre, la civilisation moderne l'a réduit, et tend à le réduire de plus en plus à sa plus simple expression, au rôle de mécanisme administratif.

Or, un administrateur, ou un intendant, n'a guère qualité pour encourager Praxitèle et renouveler Périclès.

Quant à l'initiative individuelle qui a remplacé celle de l'Etat, elle arrive encore, par d'autres moyens, à créer de grandes œuvres. Grâce à la puissance de l'association, elle construit des chemins de fer, perce des montagnes et réunit des mers. L'art est remplacé par l'industrie. Chaque époque a sa séve, et, sans discuter sur la valeur du fruit qu'elle produit, l'essentiel est que l'activité humaine poursuive son développement en accomplissant sa mission civilisatrice.

Nous avons été amené, on le voit, à comprendre dans une même catégorie le budget de la guerre, les dépenses relatives aux travaux publics et à confondre, pour ainsi dire, ces deux chefs de dépenses, en apparence si dissemblables.

A notre avis, l'une de ces deux dépenses doit suppléer à l'autre; une activité incessante devant être imprimée à la nation, il faut, après avoir accompli tout ce qui était nécessaire à sa défense, déverser le surplus de ses forces sur les grandes œuvres d'art ou d'intérêt public.

Nous arrivons maintenant à ce qui constitue le troisième chef de dépenses, c'est-à-dire au service de la dette publique.

Qu'est-ce que la dette publique, et d'où provient-elle?

La dette résulte, en principe, de circonstances

anormales qui, nécessitant un effort pécunier rapide et considérable, obligent à faire appel à l'épargne.

La dette constitue donc un emprunt fait à ceux qui possèdent un excédant, en vue de combler un déficit qui ne peut pas être couvert par ceux qui disposent seulement du nécessaire. Un des inconvénients de cette sorte d'expédient, car il en renferme beaucoup, est d'imposer aux générations à venir le poids de dépenses pour lesquelles elles n'ont pas été consultées et de contribuer à la hausse du prix des capitaux en leur créant un dérivatif et en faisant ainsi concurrence à l'industrie, ce qui constitue, par le fait, un prélèvement indirect sur le salaire des classes laborieuses. En réalité, ce sont toujours celles-ci qui payent la dette, tandis que les prêteurs en perçoivent les bénéfices. Nous disons bénéfices, parce que l'État emprunte toujours à un taux plus élevé que le taux normal de l'argent.

Ainsi donc, tout gouvernement qui emprunte sort de la règle normale.

Comment faire pour y rentrer?

Il y a, pour cela, deux façons de procéder : l'une consiste à surmonter les difficultés au fur et à mesure qu'elles naissent, en imposaut, dans les cas d'impérieuse nécessité, une taxe extraordinaire sur tous ceux qui possèdent un excédant.

Le moyen est efficace, mais violent et parfois injuste.

L'autre moyen nous paraît préférable ; il consiste à répartir la taxe sur un nombre d'années suffisant pour permettre à la génération qui a contracté l'emprunt d'en opérer l'amortissement dans un délai correspondant à la durée du service rendu, ce qui offre le double avantage de ne pas excéder les forces du moment et de ne pas grever l'avenir indéfiniment.

D'une façon comme de l'autre, on rentre dans la règle normale, soit immédiatement, soit au bout d'un temps déterminé. Mais, au lieu de se condamner à l'effort nécessaire pour résoudre ainsi la difficulté, la plupart des États modernes ont préféré pactiser avec le mal, en dissimuler l'étendue et payer, sous forme de rente annuelle et perpétuelle, un intérêt convenu à ceux qui consentent à leur fournir les fonds de l'emprunt.

Ce moyen, le plus doux, le plus commode et le plus séduisant en apparence, est aussi le plus pernicieux en réalité, car il aggrave la difficulté au lieu de la résoudre et prolonge le mal au lieu de le supprimer.

Il aboutit nécessairement à rendre les riches plus riches de ce qu'ils avaient déjà, joint à ce que l'on y ajoute indéfiniment sous forme d'intérêts prélevés sur la masse, et à rendre les pauvres plus pauvres qu'ils ne l'étaient antérieurement, en ajoutant de nouvelles charges à celles qu'ils se trouvaient déjà dans l'impuissance de supporter. C'est ainsi que, non-seulement le malheureux ne possède rien en naissant, mais encore qu'il se trouve sous le poids d'une dette résultant du désordre, de l'incurie, des extravagances ou de la prodigalité de ses prédécesseurs, dont les conséquences calamiteuses viennent s'ajouter pour lui aux rigueurs du hasard.

***

L'emprunt, comme on voit, est à la vie sociale ce que l'accident ou les maladies sont à la vie humaine, une cause de malaise, d'affaiblissement et, à la longue, de mort.

D'où qu'elle provienne, la dette publique est donc un symptôme de mauvaise administration, une cause perturbatrice; elle témoigne, en se perpétuant, d'un vice dangereux dans l'organisme social.

Si les dettes remboursables à courte échéance affectent l'État d'un malaise momentané, on peut dire que les dettes perpétuelles l'affectent d'un mal chronique, et pour ainsi dire héréditaire, car elles présentent ce double inconvénient, de grever indéfiniment l'avenir et de fausser l'équilibre social, en imposant un surplus de charges à tous les citoyens, au profit d'une partie seulement d'entre eux. Un gouvernement sage et prévoyant emploiera donc tous ses efforts pour éviter de recourir à ce remède dangereux qu'on nomme l'emprunt.

On peut alléguer, il est vrai, que très-souvent l'emprunt a pour point de départ un cas de force majeure, ou un motif d'intérêt général, qu'il résulte presque toujours soit de grands travaux à entreprendre, soit de la nécessité de parer à la défense publique, de soutenir la guerre ou de faire face à toute autre éventualité imprévue, que l'emprunt est alors doublement respectable, au point de vue de la foi et des engagements d'abord et au point de vue de l'intérêt public ensuite, puisqu'il a servi à étendre le bien-être de la nation ou à sauvegarder sa sécurité.

Tout cela peut être très-exact et très-fondé en principe, aussi n'est-ce pas la légitimité de la dette que nous attaquons, mais bien les mauvais effets qu'elle entraîne.

Respectons la foi des engagements, quelle que

soit leur origine ou leur raison d'être, mais ne laissons rien faiblir de notre énergie en signalant les périls multiples auxquels certains d'entre eux exposent la société en se perpétuant.

Toute génération qui emprunte sans amortir sa dette, forge des chaînes pour sa postérité et sème les germes d'une lutte à venir entre ses propres enfants.

Tout gouvernement démocratique, placé dans la pénible nécessité d'emprunter, cherchera donc à pallier ces fâcheux résultats en amortissant, aussi rapidement que possible, la dette que d'impérieuses circonstances auront pu seules l'obliger à contracter.

Cette façon de procéder dégagera l'avenir de tout compromis, en même temps qu'elle servira de frein aux dépenses folles ou exagérées.

Jusqu'à présent, les périls que nous signalons n'ont pas été appréciés à leur gravité réelle, d'abord parce que la dette publique est un expédient tout moderne ,dont la portée calamiteuse n'a pas encore été bien sentie, et en second lieu, parce que la dépréciation rapide et successive de la monnaie, par rapport à la valeur des produits, a fait l'office d'amortissement en réduisant d'une façon latente, mais prodigieusement efficace, la dette des États, qui s'est fondue sans qu'on s'en aperçoive, d'environ moitié, tous les vingt ans. C'est là un fait économique qui jusqu'à présent a passé beaucoup trop inaperçu, mais qu'il nous paraît d'autant plus important de signaler que, sans l'influence prépondérante qu'il a exercée, les neuf dixièmes des gouvernements de l'Europe seraient aujourd'hui en état de banqueroute ouverte.

Mais on ne légifère pas sur des faits économiques aussi imprévus et aussi hasardeux, surtout en présence d'un mal si certain. Tout en gardant un respect sacré pour les engagements pris et pour les dettes antérieurement contractées, on reconnaîtra qu'il est urgent de les amortir au plus tôt et de n'en point créer de nouvelles.

⁂

Pour faire face aux divers chefs de dépenses que nous venons de résumer à grands traits dans cette esquisse, il faut, comme nous l'avons dit, recourir à l'impôt.

La question de l'impôt, considérée en elle-même, est assez importante pour mériter qu'on s'y arrête et qu'on l'examine dans tout son détail.

On peut partir de ce principe, en fait de taxes, que la préférence doit être donnée à celles dont la perception s'opère de la façon la plus simple, la moins coûteuse et la moins vexatoire.

Mais, tout en recourant aux moyens les plus directs, il ne faut pas tomber dans l'excès et s'abandonner à l'esprit de système de façon à négliger les données de l'expérience.

L'impôt direct présente certains avantages : la simplicité et le bon marché de la perception, joints à une répartition facile.

Il a aussi des inconvénients, et voici les principaux : il frappe brutalement à la porte du contribuable, et les ressources d'où il découle sont sujettes à de grandes fluctuations : un déficit dans les récoltes, une guerre, une crise quelconque, locale ou générale, le rendraient, dans certaines circonstances, d'une perception extrêmement rigoureuse, inique, même impossible.

Or, les ressources d'un gouvernement ne doivent jamais dépendre d'un fait accidentel.

Ajoutons que, si l'impôt direct devait être transformé en impôt unique, le contribuable qui, par fraude ou autrement, arriverait à s'y soustraire, ne participerait plus en rien aux charges publiques, inconvénient qui ne comporterait plus à beaucoup près la même gravité, avec le système de la division des impôts, car si la fraude peut réussir sur un point, il est difficile qu'elle triomphe sur tous les points à la fois.

L'impôt indirect n'a point l'aspect dur, comminatoire et brutal de l'impôt direct; il se diversifie, il se fractionne, il s'acquitte pour ainsi dire librement; mais sous ces dehors attrayants, il n'en est que plus pernicieux, car il ruse avec l'épargne, il l'épuise et ne rend guère à l'Etat que les cinq sixièmes de ce qu'il coûte en réalité au public.

De plus, dans certaines circonstances, telles que l'exercice, les douanes, l'octroi, il emprunte un caractère inquisitorial et vexatoire, qui rend parfois le mode de perception de la taxe, plus odieux que la taxe même.

On voit qu'il est aisé de signaler les défauts inhérents à tous les genres d'impôts, et que choisir le meilleur consiste, en somme, à donner la préférence au moins mauvais.

Pour se déterminer dans un choix aussi délicat, on devra s'en rapporter surtout aux données de l'expérience, on n'oubliera pas que le budget d'un Etat est une affaire sérieuse, dans laquelle il faut abandonner le moins possible au hasard.

Ce n'est pas à dire, non plus, qu'on doive se trainer avec nonchalance et pusillanimité dans les ornières de la routine; il faut savoir appliquer, d'une main prudente, mais ferme et énergique, les progrès que la science unie à la pratique désigne au choix du bon sens.

On reconnaîtra, pensons-nous, qu'il est sage de faire de l'impôt direct la base principale des ressources du Trésor, tant à cause de l'économie qui lui est propre, que parce qu'il est susceptible d'être établi progressivement; mais on ne tombera pas dans l'exagération dangereuse, sinon impraticable, d'en faire l'unique fondement des ressources de l'Etat.

On se trouvera donc amené très-probablement à se prononcer en faveur d'un système mixte, qui soit suffisamment varié sans être cependant trop compliqué, et qui emprunte ses ressources, portion à l'impôt direct, portion à l'impôt indirect, suivant ce que l'un ou l'autre offrira de pratique et d'avantageux.

En dehors du mode de perception à l'aide duquel s'opère le prélèvement de l'impôt et d'où résulte que celui-ci prend la dénomination d'impôt direct ou d'impôt indirect, il existe trois modes d'application, dont chacun donne à l'impôt un caractère différent.

Nous connaissons l'impôt fixe, l'impôt proportionnel et l'impôt progressif.

L'impôt fixe est rudimentaire, injuste, barbare ; c'est celui qui consiste à frapper d'une taxe uniforme toute une catégorie d'êtres ou d'objets de situation ou de valeur différentes ; tant par esclave, par mouton ou par pièce de vin, que l'esclave soit fort ou faible, le mouton petit ou gros, le vin aigre comme de la piquette ou parfumé comme celui de nos grands crus.

L'impôt proportionnel réalise déjà un progrès considérable sur le précédent, il est beaucoup plus juste et est aussi beaucoup plus généralement appliqué : il consiste à demander à chacun en raison directe de ce qu'il possède ou de ce qu'il consomme.

L'impôt progressif, enfin, est celui qui ne demande rien ou presque rien à la classe nécessiteuse, à condition de prélever davantage sur la classe aisée et plus encore sur la classe opulente. C'est ce dernier qui a nos préférences et qui nous paraît le meilleur de tous, à la condition qu'on ait soin de ne pas tomber dans l'excès, de n'en pas faire un instrument de spoliation et de ne pas forcer les termes de la progression de manière à provoquer l'émigration des capitaux.

On ne trouvera pas superflu que nous expliquions

ici le motif de nos préférences pour l'impôt progressif.

La comparaison ne peut s'établir, bien entendu, qu'entre lui et l'impôt proportionnel, puisque l'impôt fixe est une sorte de taxe barbare qui ne supporte ni examen ni comparaison.

Nous commençons par affirmer que l'impôt proportionnel n'est juste qu'en apparence, attendu qu'il est loin de comporter un équilibre parfait entre les services rendus et les charges imposées à tous les citoyens indistinctement.

Le pauvre, en effet, n'ayant aucun bien tangible à administrer ou à défendre, quelle raison plausible peut-on alléguer pour lui imposer les frais d'une administration dont une partie notable est employée à protéger la richesse acquise ?

Il bénéficie de l'ordre et des lois, dira-t-on. — Soit.

Nous admettons volontiers qu'il bénéficie d'une partie des avantages qui découlent de l'ordre social ; mais ce n'est, en tous cas, que de la partie qui lui est personnellement accessible, c'est-à-dire d'une fraction du tout ; or, lorsqu'il paie proportionnellement sur la totalité, nous disons qu'il paie au delà de son dû.

D'ailleurs, en admettant que l'impôt proportionnel soit parfaitement équitable, ce qui n'est pas vrai strictement, il faudrait au moins pousser la logique et l'équité jusqu'au bout et maintenir le système de la proportionnalité par rapport à cet autre impôt, désigné sous le nom d'impôt du sang.

Pourquoi, en effet, le faire payer au même degré, de la même façon et pour le même temps, par le riche et par le pauvre ?

L'un possède beaucoup, l'autre n'a rien à défendre.

Faisons pour un instant abstraction de patriotisme, puisque aussi bien nous raisonnons mesure et impôt, et convenons qu'ici, c'est en réalité le pauvre qui se trouve soumis à l'impôt progressif appliqué au rebours.

Que ceux qui possèdent ne se récrient donc pas trop, alors qu'on s'attaque seulement à leur superflu.

Oui, le pauvre qui n'a à défendre ni champ, ni maison, ni bois, ni châteaux, et qui paie sa dette du sang, supporte l'impôt progressif au rebours ; c'est bien le moins qu'il ait le droit de réclamer une compensation, s'il en est une, quand il s'agit de l'impôt pécunier, et ce droit est d'autant plus fondé qu'il se trouve intimement lié au maintien de la prospérité générale.

Que demande-t-on, en résumé, à l'impôt ?

— En premier lieu, qu'il soit basé sur un principe juste.

Nous venons de démontrer combien l'impôt progressif est juste.

— Ensuite, qu'il ménage les faibles, c'est-à-dire les nécessiteux, afin de ne pas accroître les difficultés contre lesquelles ils ont déjà à lutter.

L'impôt progressif ménage tout particulièrement les classes déshéritées.

— Puis, qu'il soit établi de façon à affaiblir le moins possible les forces de l'Etat.

L'impôt progressif retrempe et ranime ces forces, en faisant du travail le point où doivent aller converger incessamment les efforts de tous.

— Enfin, qu'il ne soit ni vexatoire, ni tyrannique.

L'impôt progressif est également à distance de ces deux inconvénients ; il procède au grand jour, d'après des données simples et des principes logiques ; il atteint le superflu plus que l'utile et l'utile un peu plus que le nécessaire.

Tels sont ses traits généraux.

Ils n'ont, comme on voit, rien de bien effrayant.

Résumons ce qui précède, en posant comme conclusion que les taxes doivent être établies, non pas en proportion des biens de chacun, mais en raison inverse des besoins de chacun ; qu'elles doivent at teindre, dans une juste progression, le capital et le revenu, en ménageant la consommation, et qu'elles doivent tendre ainsi à rapprocher insensiblement l'écart qui existe entre l'opulence des uns et la misère des autres, de façon à arriver à ce bien-être moyen qui constitue la véritable force des Etats.

Il ne s'agit pas ici, bien entendu, de dépouiller le riche au profit du pauvre, d'exercer sur le premier une contrainte excessive et injuste qui lui rende la loi insupportable ; il s'agit d'allier la modération à la fermeté, en vue de maintenir l'harmonie nécessaire entre tous les membres d'un Etat bien organisé, de répartir l'impôt de telle sorte que chacun en supporte sa part d'une manière équitable et contribue aux besoins généraux dans la mesure de ses forces et de ses moyens.

***

Si, après avoir classé et défini les impôts d'après les données théoriques, nous abordons la question par son côté pratique et que nous soyons amené par suite à désigner ceux que nous jugeons devoir être appliqués de préférence, nous citerons en première ligne l'impôt sur les successions et l'impôt sur les revenus.

L'un et l'autre sont particulièrement propres à s'adapter au système progressif.

Insistons à ce propos, notamment en ce qui concerne le droit sur les successions, pour déclarer d'une manière bien nette qu'il ne s'agit pas d'enlever au père de famille cette satisfaction douce, intime et respectable, résultant pour lui de la persuasion légitime et fondée, que ses enfants jouiront un jour du fruit de son travail et du résultat de ses économies.

Plus on s'éloignera de l'arbitraire, mieux le père de famille comprendra que, si l'État tient compte des sentiments déposés dans son cœur par la nature, il doit à son tour tenir compte à l'État des nécessités qu'impose à celui-ci le besoin de sa conservation.

La prospérité individuelle est intimement liée à la prospérité générale, et si l'État périclite, tout le monde est en péril, de même que lorsqu'un navire sombre, tous les passagers font naufrage.

« Les fondateurs des anciennes républiques, a dit Montesquieu, avaient également partagé les terres ; cela seul faisait un peuple puissant, c'est-à-dire une société bien réglée ; cela faisait aussi une bonne armée, chacun ayant un égal intérêt, et très-grand, à défendre sa patrie. »

Et plus loin «Ce fut le partage égal des terres qui rendit Rome capable de sortir d'abord de son abaissement, et cela se sentit bien quand elle fut corrompue. — Il ne s'agit pas, aujourd'hui, d'aller aussi loin ; nous ne sommes pas seulement un peuple d'agriculteurs et de soldats, nous sommes aussi un peuple commerçant, industriel, infiniment plus éclairé et plus civilisé que ne l'a jamais été le peuple romain ; il ne s'agit donc, en somme, que d'établir un compromis également favorable aux deux parties et dont les termes doivent rester soumis aux règles d'une parfaite équité.

Les lois fiscales bien entendues doivent avoir pour résultat de stimuler l'activité. Or, si l'attrait de la propriété rend actif, il ne faut pas oublier que l'hérédité absolue rend paresseux.

Cherchons donc un terme moyen qui soit à égale distance de la violence et de la pusillanimité, et résumons-nous, en disant :

Il ne faut pas confisquer la richesse, il faut l'user.

Pour l'user, il faut procéder par le temps, avec mesure et avec patience, c'est-à-dire éliminer tout moyen violent.

Rien donc qui soit de nature à froisser brutalement le sentiment instinctif de l'amour paternel, rien même qui éteigne la satisfaction de celui que le hasard de la naissance investit d'une fortune amassée par d'autres.

La loi ne réclamera de chacun que ce que la modération et l'équité l'autorisent à lui demander.

Le modeste héritage transmis en ligne directe acquittera un droit minime ; transmis en ligne indirecte, il paiera un peu plus.

L'impôt progressif existe déjà d'ailleurs, sous cette forme, dans nos lois, il ne s'agit donc que de l'étendre, dans un autre sens, à la quotité de l'héritage considérée en elle-même.

Qu'on divise l'héritage en trois catégories par exemple, celle qui constitue la modeste aisance, celle qui constitue la richesse et celle qui constitue l'opulence.

La première catégorie payera 1, la seconde 2, la troisième 4.

Nous ne fixons pas, bien entendu, des bases précises, nous nous bornons à une simple démonstration figurative.

***

En thèse générale, et tout en laissant à l'expérience le soin de déterminer d'une manière exacte les bases de cette répartition, nous estimons que l'impôt sur les successions devrait entrer pour une moitié au moins dans les ressources du budget.

Si l'on estime que la fortune de la France peut être évaluée à 250 milliards au moins, et que trois générations se succèdent dans un siècle, on arrive à constater qu'il se transmet chaque année une somme d'héritage représentant environ huit milliards de francs.

Or, en prélevant une moyenne de 20 0/0, à titre d'impôt sur ces huit milliards, on arrive à un rendement annuel de 1,600 millions.

En d'autres termes, on laisse facultatif, à cinq générations successives, le droit de subsister sans rien produire et sans rien faire.

N'est-ce pas là un hommage suffisant accordé aux droits de la propriété, dans lesquels se confond l'instinct de l'amour paternel ?

Ou bien, va-t-on crier encore à la tyrannie, à la spoliation, au communisme et à tout ce qui s'ensuit ?

Par respect pour le bon sens, espérons qu'il n'en sera rien.

Nous le croyons d'autant moins, qu'en résumé personne ne paye deux fois, et que, si plus de la moitié des impôts est prise sur les successions, les autres taxes se trouveront naturellement diminuées d'autant.

Pour revenir à notre système de répartition très-approximatif, encore une fois, il résulte qu'en thèse générale, tout héritage de 100 francs est frappé d'un droit de 20 francs. L'héritier touche 80 et l'État reçoit 20. Voilà le principe. Lors même que l'impôt se présenterait sous cette forme rudimentaire, il n'aurait, comme on voit, rien de bien effrayant.

Mais, grâce au double fonctionnement de la progression, il acquiert bien vite un perfectionnement, par suite duquel l'héritier direct d'une fortune modeste paye moins de 20 0/0, et l'héritier indirect d'une fortune considérable paye plus, par compensation.

Admettons, pour un instant, que le grand nombre des petites fortunes forme un total qui s'équilibre avec celui des grosses fortunes, les premières payeront 10 0/0 et les autres 30 0/0, ce qui ramènera toujours notre moyenne à 20 0/0.

Mais ces chiffres extrêmes devront être encore modifiés, et perfectionnés par l'intervention d'un nouveau contingent.

L'héritier en ligne indirecte d'une fortune minime payera, en effet, un impôt de plus de 10 0/0, tandis que celui qui héritera d'une grande fortune, en ligne directe, payera moins de 30 0/0.

Il résulte de cette péréquation toute sommaire et à peine ébauchée ici, que le fils héritant 25,000 francs de son père abandonnerait au maximum deux années de son revenu à l'État, soit 10 0/0, et que les collatéraux d'un millionnaire abandonneraient à l'État six années de ce revenu. En d'autres termes, ils toucheraient 700,000 francs, et l'Etat recevrait 300,000 francs.

Dans cet ordre d'idées, les plus imposés, comme on voit, ne seraient pas fort à plaindre.

***

Après l'impôt sur les successions qui, à vrai dire, est un impôt sur le capital, le plus logique, avons-nous dit, celui qui, par suite, nous semble tout désigné au choix du législateur, est l'impôt sur le revenu.

Ce dernier nous paraît aussi devoir être soumis à la forme progressive, et peut entrer dans la masse des impôts pour une part importante, quoique un peu inférieure à la précédente, vu qu'il atteint davantage le travail que le capital.

En prenant toujours pour point de départ le chiffre de 250 milliards comme évaluation moyenne de la richesse acquise en France, on peut estimer que ce capital produit un revenu annuel d'au moins 10 milliards. Mais la richesse effective ne représente à vrai dire qu'une portion du capital réel, car l'intelligence, l'industrie et beaucoup d'autres valeurs subsidiaires constituent, elles aussi, des capitaux sous des formes plus ou moins tangibles.

Le médecin, l'avocat, l'inventeur qui gagnent dix, vingt, cinquante mille francs ou plus par an, possèdent en réalité un capital, et ce capital représente parfois une valeur plus considérable que le revenu d'une terre ou d'une maison. Il est vrai que ce capital est viager, mais rien n'est plus facile que de le consolider au moyen des assurances sur la vie.

En supposant que chaque Français adulte et valide gagne en moyenne 1,000 francs par an, ce qui n'a rien d'exagéré, et en limitant le nombre des adultes à 10 millions, c'est un nouveau revenu de 10 milliards à ajouter au revenu de la propriété proprement dite, ce qui fait, au total, 20 milliards.

Supposons-en 15 seulement; si l'on frappe cet immense revenu d'une taxe moyenne de 7 1/2, on en obtiendra un rendement qui dépassera 1,100 millions. Il reste bien entendu que cette perception ne doit pas s'opérer brutalement. Celui qui gagne, par exemple, à peine de quoi vivre sera exempt de la taxe; celui dont le revenu atteindra la moyenne du bien-être paiera en raison de sa situation, et celui dont les revenus dépasseront non-seulement le nécessaire et le bien-être, mais atteindront au superflu, versera une partie de ce superflu dans le réservoir de l'État.

Les limites extrêmes de l'impôt sur le revenu doivent être calculées de façon à ne blesser par leur rigueur aucun sentiment humain, et nous paraissent pouvoir s'établir, avec assez de convenance, entre 5 et 10 0/0.

Ce dernier terme n'a, en lui-même, rien d'excessif. En Italie, où l'impôt sur le revenu atteint toutes les classes sans exception, son taux n'est pas moindre de 12,40 0/0. En Angleterre, où l'*income-tax* est de 2 0/0 et ne s'applique qu'aux revenus dépassant 2,500 francs, son produit s'élève à 260 millions par an.

Avec une moyenne de 7 1/2 0/0, comme celle que nous avons cru devoir adopter pour servir de base à notre appréciation, l'impôt sur le revenu produirait en France, comme nous l'avons dit plus haut, un rendement annuel de plus de 1,100 millions, somme qui concorde assez exactement avec les résultats consacrés par l'expérience en Angleterre.

C'est, comme on voit, un chiffre satisfaisant, surtout pour un impôt dont l'application n'a rien d'excessif.

***

Nous savons bien qu'une certaine école économique repousse l'impôt sur le revenu et prétend lui substituer un impôt unique prélevé sur le capital.

Mais, outre que nous avons signalé précédemment les dangers qui ne permettront jamais de laisser dépendre, dans la pratique, les ressources de l'État d'une seule branche de revenus, il est essentiel de remarquer que l'impôt unique sur le capital dépasse non-seulement le but en atteignant la richesse improductive, et en s'attaquant directement à l'outil lui-même, mais encore qu'il a l'inconvénient de laisser de côté toute cette branche de richesse considérable résultant du travail et de l'industrie, véritable capital intellectuel dont l'importance, comme valeur, est au moins égale à celle du capital consolidé. On oublie que, si l'impôt atteignait seulement la richesse acquise, il suffirait d'avoir sa fortune placée à l'étranger, pour jouir en paix et sans bourse délier, de tous les avantages inhérents à la société au milieu de laquelle on vit.

Mais, objecte-t-on, que de difficultés dans la perception de l'impôt sur le revenu, que de variations, que d'incertitudes, que de fraudes! Les difficultés, elles existent partout, et celles qui sont de nature à entraver le recouvrement de l'impôt sur le revenu ne sont pas tellement extraordinaires et tellement insurmontables qu'elles n'aient été déjà vaincues. Elles sont même beaucoup moindres que celles qui existent pour établir, d'une manière équitable, l'impôt sur le capital.

L'impôt sur le revenu existe dans plusieurs pays; il fonctionne en Angleterre, en Italie, en Autriche, en Danemark, et son application n'a rien en elle-même qui paraisse dépasser, jusqu'à présent, les facultés pratiques de ceux qui sont chargés de l'appliquer.

On fait valoir en outre, et comme une excellente chose, que l'impôt sur le capital oblige chacun à tirer parti de son bien, à ne laisser aucune richesse stagnante, sous peine de la voir périr sous le poids de la répétition des taxes.

C'est là, il faut en convenir, une étrange prétention, car elle aboutit, en définitive, à se montrer, comme on dit, plus royaliste que le roi.

Comment! l'Etat va se montrer meilleur appréciateur que moi de ce qu'il me convient de faire?

Tu ne fais rien de ton champ? Cultive-le.

Tu ne loues pas ta maison? Cherche des locataires.

Mais si le champ coûte plus cher de culture qu'il ne rend de produits?

Mais s'il y a plus de locaux que de locataires?

Cela ne fait rien, il est entendu que le capitaliste est un entêté qui ne comprend rien à ses intérêts et qui ne veut pas tirer profit de son bien, uniquement pour faire pièce à l'Etat.

En avant donc les confiscations, et vive l'autorité!

Oh! la belle liberté que vous donnez là, Messieurs! Et que votre système d'impôt unique sur le capital aurait de longues chances de durée et d'application, surtout si le maniement vous en était confié!

***

A la suite des deux taxes dont nous venons de signaler la convenance : celle sur les successions et celle sur le revenu, nous croyons pouvoir en indiquer une troisième : la taxe sur le tabac.

L'usage du tabac est loin d'être indispensable, il est même pernicieux; et, bien qu'il soit entré d'une façon générale dans les habitudes modernes, il ne constitue pas, à vrai dire, ce qu'on peut appeler un besoin.

L'impôt sur le tabac possède l'avantage d'être facultatif et de se prêter aussi bien que les précédents à la forme progressive.

Rien de plus facile et de plus convenable que de taxer le tabac suivant sa qualité, et de faire payer la feuille propre à la fabrication du cigare, plus cher que la feuille destinée à la fabrication du tabac ordinaire.

Du reste, l'impôt, sur quelque nature de tabacs qu'il porte, ne doit jamais être excessif, sous peine de manquer son but et de servir de prime à la contrebande.

L'impôt sur le tabac produit en France près de 300 millions, mais en supprimant la fabrication par l'Etat, dont le rôle n'est pas de se faire manufacturier, et en abaissant les droits actuels, qui sont beaucoup trop élevés, on pourrait restreindre le rendement de cette branche d'impôts au chiffre de 200 millions.

Nous croyons qu'il faudrait autant que possible se borner aux trois sources d'impôts que nous venons d'indiquer ; mais, sur ce sujet moins que sur aucun autre, nous n'entendons nous ériger en arbitre absolu.

Certes, nous sommes persuadé qu'un perfectionnement considérable et radical peut être apporté aux systèmes d'impôts existants, mais nous croyons que ces améliorations doivent être introduites avec mesure et prudence.

Pour procéder judicieusement, on devrait commencer par éliminer des impôts actuels ceux qui sont les plus vexatoires et les moins productifs, en essayant simultanément l'application partielle des impôts destinés à les remplacer.

Il est évident, par exemple, que l'État a un meilleur emploi à faire des 265 millions qu'il consacre annuellement à exercer l'impôt sur les portes et fenêtres, le sel, les allumettes, les transports et les douanes.

Avec l'économie provenant de la suppression des frais qu'entraîne le recouvrement de ces impôts et les cinquante millions de produits utiles que fournirait l'armée d'employés dont il confisque les bras, la société bénéficierait d'au moins 200 millions nets par an.

Il faut convenir qu'on s'occupe parfois de réformes qui n'ont pas tout à fait ce degré d'importance.

On remarquera que le budget de la France, puisque nous l'avons adopté jusqu'à présent comme type, s'élève à 2,600 millions ; mais que dans ce chiffre sont compris les 1,200 millions de la dette publique, destinés à disparaître lorsque l'économie et le progrès auront ramené la société dans les voies normales dont il serait à désirer qu'elle ne pût jamais s'écarter.

Cela réduit donc le budget, si l'on se place un instant à ce point de vue, malheureusement imaginaire, au chiffre de 1,400 millions.

Nous avons estimé le rendement de l'impôt sur les successions à 1,600 millions, celui de l'impôt sur le revenu à 1,100 millions, celui de l'impôt sur le tabac à 200 millions et celui des économies à 200 millions également.

Tout cela forme un ensemble qui dépasse 3 milliards. Quelle que soit l'élasticité de nos évaluations et la part qui doive être faite à l'imprévu, on reconnaîtra qu'il existe dans cet ensemble de ressources des moyens amplement suffisants pour équilibrer le budget dans l'état actuel, et pour y faire face, à plus forte raison, le jour où il serait ramené à ses proportions normales.

Telles sont, d'une manière générale, les réformes essentielles qu'on pourrait souhaiter de voir apporter aux systèmes d'impôts actuellement en usage.

Ces réformes, susceptibles d'être mûries et perfectionnées, demandent à être appliquées graduellement, avec précaution, de manière à ne provoquer aucune révolution économique et à ne jamais tomber dans l'empirisme.

Il faut s'éclairer de la théorie, tout en évitant de céder avec trop d'impétuosité aux séductions parfois décevantes qu'elle nous suggère.

C'est surtout en fait de réformes fiscales qu'il faut avoir présent à l'esprit le précepte d'Horace : *Festina lentè*.

***

On trouvera, peut-être, que dans un chapitre spécialement consacré à l'impôt, nous nous sommes laissé entraîner, parfois, trop loin de notre sujet.

Nous avions pour cela nos raisons et les voici :

Les impôts ne constituent pas seulement à nos yeux une simple contribution calculée sur la dépense qu'elle est destinée à combler. Les impôts constituent un des rouages sociaux les plus importants, par suite de la double action qu'ils exercent sur l'Etat et sur les particuliers, points extrêmes d'une seule et même famille, la société.

Bien qu'il représente la collection des intérêts individuels et qu'il ne fasse pas autre chose que de résumer en lui la personnification d'une multitude d'intérêts privés, l'Etat n'en doit pas moins posséder en lui une sorte d'idéal qui l'élève, par instants, au-dessus du terre-à-terre de la vie usuelle, et ne limite ses prévisions, ni à l'actualité courante, ni aux calculs purement matériels.

Etre moral, dont l'existence remonte dans le passé au delà de la vie humaine et s'étend dans l'avenir jusqu'à l'inconnu, il s'inspire de sentiments dégagés d'égoïsme, et bien qu'il n'existe qu'à la condition de s'incarner successivement dans chacune des générations qui viennent tour à tour le personnifier, il semble leur communiquer cette élévation de vues, cette largeur de plans, qui forment ses décisions et qui placent celles-ci au-dessus des calculs mesquins et des conceptions étroites du moment.

Or, la question de l'impôt se lie à l'existence même de l'Etat, en ce qu'elle lui fournit les moyens d'assurer sa durée et de ramener tous ses membres à l'exercice salutaire et indispensable du labeur humain.

Nous avons cherché à démontrer le parti qu'il fallait tirer de cet instrument puissant, à savoir :

rapprocher peu à peu les distances sociales, ménager les faibles, peser sur les oisifs, entretenir constamment cette activité féconde et salutaire qui est la vie des nations.

Voilà ce que nous avons tenu à signaler à travers les questions traitant de l'impôt considéré en lui-même.

***

Nous ne voudrions pas qu'on conclût, d'autre part, de ce que nous avons dit concernant la richesse, à notre hostilité contre elle; on se tromperait. Ce que nous poursuivons ce n'est pas la richesse, c'est l'oisiveté.

Cette dernière seule est atteinte par les prescriptions que nous croyons devoir énoncer.

Qu'importe à la richesse, prise dans son ensemble, si le prélèvement qui l'atteint, et qui ne doit atteindre qu'elle, s'opère sous une forme ou sous une autre?

Pourvu qu'elle ne paye pas deux fois, que peut-elle y perdre? Elle gagne même à ce que la perception s'opère sous sa forme la plus simple, la plus rapide et la plus économique.

Loin que nous soyons ennemis de la richesse,

nous la considérons comme un des plus précieux instruments de progrès et de civilisation, comme la compagne du bien-être qui, à nos yeux, n'amollit ni les cœurs, ni les intelligences, qui élève et développe, au contraire, nos facultés physiques et morales, tant qu'il ne divorce pas avec le travail.

Encore une fois, ce qui déprave les nations, ce n'est pas la richesse, c'est l'oisiveté. Aussi, la cause de la décadence des peuples ne provient-elle pas, comme on est trop porté à le croire, du développement de la richesse en elle-même, ni du bien-être qui en est le résultat naturel, mais bien plutôt de l'oisiveté qu'engendre cette même richesse lorsqu'elle est inégalement répartie et qu'elle divise l'Etat en deux castes ennemies : l'une qui travaille trop, et l'autre qui ne fait rien.

Toute nation qui cesse de travailler ou chez laquelle il y a inégalité excessive dans la répartition du travail, est une nation qui roule sur la pente de la décadence, et l'absolutisme, dont elle est la proie désignée, ne l'y retient que le temps nécessaire pour achever d'user ses dernières forces.

Du jour où l'univers entier a travaillé pour Rome oisive, Rome s'est corrompue et l'heure de sa décadence a sonné.

Il en a été ainsi de l'Espagne : l'or du nouveau

monde, en commanditant chez elle la paresse, est venu éteindre, pour une période qui dure encore, sa grandeur et sa prospérité.

Profitons donc de ces enseignements, et puisque le travail, d'où découlent toute grandeur et toute prospérité, dépend si étroitement de la distribution des impôts, employons tous nos efforts pour que ceux-ci soient judicieusement établis et convenablement appliqués.

C'est plus qu'une mesure fiscale, c'est une question d'avenir social.

CHAPITRE IX

LE TRAVAIL ET LE CAPITAL

Le travail est la loi suprême imposée par la nature à l'humanité.

Pour subsister, l'homme est obligé de travailler.

Cette nécessité, douloureuse en apparence et souvent pénible en réalité, loin d'être sans compensation, constitue, somme toute, un bienfait.

Le travail entretient l'homme en état de santé ; il lui inspire un sentiment de satisfaction et de dignité personnelle, qui contribue à son élévation morale ; il est, enfin, l'instrument indispensable de tout bien-être et de tout progrès.

On peut constater, en effet, ce résultat singulier, que ce sont précisément les contrées du globe qui semblent les plus mal dotées, celles où le sol est le plus ingrat et où le besoin de travailler se manifeste avec le plus d'intensité, qui sont précisément les plus civilisées, les plus libres et les plus heureuses.

Toutefois, puisque le travail est une nécessité, il semble qu'il devrait avoir pour conséquence directe et obligée, la sécurité acquise à tout homme de pouvoir travailler.

Tout devoir impliquant un droit, certains théoriciens ont pris ce raisonnement pour base de ce qu'ils ont appelé le *droit au travail ;* mais leur théorie est aussi fausse en elle-même que ses conséquences deviendraient dangereuses si l'on voulait en faire l'application.

Elle est fausse, en ce sens que ce n'est pas l'homme qui impose le travail à l'homme, mais bien la nature.

Nul n'a donc le droit de s'en prendre à son semblable, qui n'est pour rien dans cette sujétion générale, et qui ne fait qu'en supporter sa part adéquate.

Elle est dangereuse, d'autre part, en ce qu'elle aurait, dans la plupart des cas, pour résultat, de contraindre l'association à accepter des services dont elle ne pourrait retirer aucune utilité, de sorte que la rétribution de ces services n'aurait lieu au profit de quelques-uns, qu'à la condition d'être faite au detriment de la masse. D'où il suit que, si cette loi de contrainte venait à être adoptée, l'intérêt général ne tarderait pas à succomber sous le poids de l'oppression individuelle.

En théorie, le droit au travail est une erreur; en fait, il serait un danger. Mais, dira-t-on, l'organisation sociale est donc bien défectueuse, qu'elle refuse à l'homme ce dont la providence lui fait une loi et ce qu'il est à même de se procurer dans l'état de nature, alors qu'il est abandonné à ses propres forces? Le sauvage, en effet, obtient par un travail rudimentaire ce qui est nécessaire à son existence; il est en présence de la nature seule, il lutte directement avec elle et lui arrache ce dont il a besoin. Celle-ci lui accorde peu, car le sauvage est misérable,beaucoup plus misérable,en réalité,que le plus pauvre de nos ouvriers, mais au moins on ne lui répond jamais : *il n'y a pas d'ouvrage !*

Faut-il donc préférer l'état sauvage à l'état civilisé?

Evidemment non.

Si l'état sauvage eût été préférable, les hommes l'auraient conservé.

L'état social a ses défauts ainsi que ses avantages, mais ces derniers l'emportent de beaucoup sur les premiers, et ils sont susceptibles d'un perfectionnement dont nous commençons à peine à goûter les prémices.

***

Pour tout homme impartial et sensé, la somme de bien-être résultant de la sociabilité est incomparablement supérieure à celle qu'il est possible d'acquérir dans l'état d'isolement.

L'échange des produits, la formation du capital, la division du travail, l'invention des machines, sont autant de multiplicateurs de la fortune publique, autrement dit, de la richesse commune.

Or, les faits qui y donnent lieu, les phénomènes qui en résultent, ne peuvent s'accomplir qu'au milieu d'une civilisation déjà avancée.

Certes, il est déplorable de voir que c'est précisément là où l'abondance des biens est le plus considérable, que se rencontre le plus fréquemment cette monstrueuse exception, d'êtres humains manquant du nécessaire et ne parvenant pas toujours à l'obtenir par leur travail.

Ce fait, en lui-même, est plus qu'attristant ; il révèle d'une manière incontestable un vice social qu'il importe de rechercher et auquel il est urgent de remédier. Mais encore, ne faut-il pas tomber dans l'empirisme et s'exposer à ce que le remède, faute d'être judicieusement choisi et convenablement appliqué, devienne plus dangereux que le mal.

Quoique rien ne soit parfait dans le monde ou dans la société, on ne saurait nier que de grands progrès ont été déjà accomplis, que beaucoup d'autres sont en voie d'être obtenus, et que s'il en reste toujours à réaliser, c'est que la perfection est un but idéal dont on approche souvent sans l'atteindre jamais.

Au reste, ce ne serait ni dans un retour à la vie sauvage, ni dans un régime de contrainte et d'injustice qu'il faudrait aller chercher cet idéal.

Le grand remède à tous les maux contre lesquels l'homme aura sans cesse plus ou moins à lutter réside, comme on le verra, dans le respect au droit commun, dans la pratique sincère et entière de la liberté.

En appliquant aux lois sociales les principes d'équité, de justice et de liberté, dont le dépôt réside dans la conscience humaine ; en laissant à chacun le droit d'exercer dans leur plénitude toutes ses facultés, à condition de ne pas nuire à l'exercice de celles des autres, on arrivera à la solution du problème social et on obtiendra au moins ce résultat de faire que, si tous les hommes ne sont pas matériellement heureux, il y en aura très-peu de malheureux.

Au lieu donc de poursuivre inutilement la chimère du *droit au travail*, tâchons de nous assurer la possession d'un bien tout autrement réel, singulièrement plus efficace, et qui s'appelle la *liberté du travail*.

Ne réclamons aucun privilége en faveur du travail, demandons seulement qu'aucun privilége ne puisse s'exercer à son détriment. Demandons qu'on supprime, partout où ce n'est pas déjà fait, les maîtrises, les monopoles, les douanes, les prohibitions, les empêchements de toutes sortes et de toutes natures, afin d'arriver à un état de choses tel qu'il constitue pour chacun l'*égalité dans la liberté*.

Nous en sommes convaincu, c'est dans cette formule si simple que réside le meilleur, sinon le seul remède aux imperfections plus ou moins inhérentes à toute organisation sociale.

***

L'homme, avons-nous dit, n'a pas le droit de s'en prendre à l'homme du soin ou de l'obligation de lui procurer du travail ; mais ce que chacun est en droit de réclamer de tous, c'est qu'aucune entrave ne soit mise au libre développement de ses facultés.

C'est malheureusement ce qui n'a jamais cessé d'avoir lieu jusqu'à ce jour, sous une forme ou sous une autre, sous des apparences plus ou moins déguisées. C'est aussi ce qui a contribué pour une si grande part au malaise dont souffrent et dont se plaignent à bon droit les classes déshéritées de la société.

Si la vérité est faite pour être entendue de tout le monde, il est bien permis, après l'avoir dite ouvertement aux uns, de la signaler non moins nettement aux autres.

Certes, le prétendu droit au travail est une utopie absurde et dangereuse ; aussi la condamnons-nous nettement et sans restriction. Mais n'y a-t-il donc à déverser le blâme que d'un seul côté ? N'existe-t-il pas, d'autre part, des torts graves et prolongés, et les classes dirigeantes n'ont-elles, en ce qui les concerne, aucun reproche à s'adresser ?

A quel spectacle assistons-nous, depuis l'origine des sociétés humaines ?

N'est-ce pas partout à ce qu'on a justement désigné et flétri sous le nom d'exploitation de l'homme par l'homme ?

Ne voyons-nous pas presque constamment le travail servir de proie aux convoitises des forts et des puissants ? Or, que le plus faible travaille pour le plus fort, parce qu'il est réduit en esclavage, ou qu'il travaille pour le plus puissant, parce que celui-ci le retient dans une sujétion équivalente par des artifices légaux, le résultat n'est-il pas le même ?

On commence par l'esclavage, instrument rude et grossier, barbare et primitif, mais simple ; puis la forme s'adoucit et l'on passe au servage, du servage à la dîme, de la dîme au privilége, du privilége officiel et ostensible au privilége habile et détourné, qui se cache ou dissimule ses derniers vestiges sous le rempart encore intact des impôts iniques et mal répartis.

Tel est le tableau avec ses gradations ; il part, comme on voit, de l'esclavage pour aboutir au prolétariat, et nous montre partout et en tous temps le travail exploité et asservi.

Il y a progrès, c'est vrai, car si la situation matérielle du prolétaire est presque aussi malheureuse que celle de l'esclave, le prolétaire conserve du moins comme suprême consolation, la conscience de sa dignité d'homme.

Mais cela suffit-il ?

Et peut-on, en présence d'un état de choses qui subsiste encore sous une forme plus ou moins adoucie, soutenir que la part faite au travail ait jamais été conforme au droit et à l'équité ? Nous ne le croyons pas ; nous estimons, au contraire, que si l'état social est préférable à l'état sauvage, tout est loin d'être parfait dans la société, qu'il y a beaucoup à faire et à réformer, et qu'en somme, le travail a jusqu'ici supporté infiniment plus d'abus qu'il n'en a suscité.

Il a pu être plus opprimé naguère qu'il ne l'est à présent, mais il l'est encore trop dès qu'il l'est.

Le moyen d'échapper à cette oppression, de n'en subir et n'en exercer aucune, nous l'avons indiqué, il est tout entier dans cette formule : *l'égalité dans la liberté.*

***

C'est une grave erreur de croire qu'on peut scinder la liberté politique, planant sur le domaine de la pensée, de la liberté matérielle, qui consiste simplement à échanger de gré à gré un produit ou un service.

Toutes les libertés se tiennent et sont solidaires entre elles, car tous les gouvernements obéissent, jusque dans leurs moindres actes, soit par raisonnement, soit par instinct, à leur loi d'origine.

Or, toute société basée sur le privilége et qui, par conséquent, favorise une classe d'oisifs, est obligée, par contre, de rançonner le travail sous une forme quelconque.

Il n'y a donc que dans une société démocratique que le travail puisse jouir de tous ses droits et s'exercer dans la plénitude de ses facultés, car la liberté du travail ne peut se concevoir et ne peut fonctionner que là où la liberté politique existe sans entraves.

N'acceptons donc point la doctrine perfide et fallacieuse de ceux qui prétendent que la forme du gouvernement importe peu à la prospérité, voire même à la liberté des peuples.

La logique ne tolère point ces sortes de confusions, et il ne saurait y avoir antagonisme dans les principes sans qu'il y en ait également dans les faits. La question politique restera toujours intimement liée à la question sociale. Une société où le privilége domine, forcera le travail des uns pour ménager l'oisiveté des autres, et en dehors des souffrances qu'entraînera cette injustice, cette société aboutira à la décadence par une pente doublement rapide, car l'oisiveté et l'excès du travail se touchent, comme tous les extrêmes, et aboutissent au même résultat : l'avilissement des caractères et l'abâtardissement physique.

Les lois de la justice sont donc d'accord ici, comme toujours, avec les règles du bon sens ; elles ne veulent pas qu'on sépare ce qui doit être uni, et ne permettent à rien de bon de sortir d'un principe vicieux.

Ce n'est que dans une société où le travail, bien équilibré, est réparti à peu près également sur tous, que peuvent résider la force, l'aisance et la durée. Chacun y travaille modérément, parce que tout le monde y travaille, et le fardeau, également réparti, devient léger pour chacun.

Il ne s'agit point ici, bien entendu, d'une égalité imposée par des lois tyranniques ou des moyens violents, mais de l'égalité qui résulte du jeu naturel d'institutions libres, la seule à laquelle il puisse être fait ici allusion.

Ainsi, pour résumer ce qui précède, le travail est une nécessité ; l'association, qui réunit les hommes, rend cette nécessité moins lourde et en fait jaillir des avantages plus nombreux que si chacun avait à la subir isolément.

Le remède aux imperfections existantes est dans l'application sincère d'un régime de liberté, qui laisse au travail tout son essor et qui élimine tout ce qui oppose un obstacle injuste à son développement.

Nous allons voir ce que ces considérations renferment d'exact, en examinant le rôle du travail parmi les différents rouages au milieu desquels il fonctionne dans le mécanisme social.

***

Commençons par étudier la question au point de vue des rapports établis entre le travail et le capital.

Ce sont précisément là les deux forces qu'on met le plus souvent en lutte, dont on considère les intérêts comme hostiles, et dont la conciliation est le plus ardemment désirée.

Qu'est-ce d'abord que le capital? Le capital est tout simplement du travail amassé, économisé.

C'est donc le résultat d'efforts dont le fruit doit appartenir à leur auteur ou à ses ayants droit.

C'est un bien, c'est une valeur légitimement acquise qu'on a toujours le droit d'échanger, à des conditions librement débattues, contre une autre valeur.

Si, par sa force, sa persévérance, son habileté, par son travail en un mot, un homme a produit l'ouvrage de deux, alors qu'il s'est astreint à ne consommer que pour un seul, il est évident qu'il a droit de disposer à sa guise de la moitié qui lui reste, de la prêter ou de l'échanger comme bon lui semble.

Cette moitié est devenue ce qu'on appelle alors sa propriété, son capital.

Le capital est, comme on voit, le produit immédiat du travail; il en est le fruit, il est sa récompense. Ne tirons donc pas de deux objets si connexes et si unis l'un à l'autre deux principes opposés, et ne les considérons pas comme deux antagonistes inconciliables.

Ne montrons pas dans l'un le tyran de l'autre; ne laissons pas croire surtout que le capital soit un bien de hasard départi par la nature à tort et à travers, et dont les premiers occupants se soient emparés au préjudice des autres.

Terres, maisons, instruments, argent, tout ce qui existe n'a de valeur que par le travail de l'homme; rien ne valait par soi-même avant d'avoir été fertilisé, bâti, créé ou transformé par le travail.

La parfaite légitimité du capital n'est donc pas contestable, et le travailleur est, de tous les membres de la société, celui qui a le plus d'intérêt à la respecter et à la défendre.

Si nous considérons maintenant le rôle du capital pris en lui-même, nous verrons qu'il peut se résumer en deux fonctions : l'une active, et qui consiste à produire; l'autre passive, et qui consiste à consommer.

Dans l'un comme dans l'autre cas, on remarquera que le capital ne peut point se passer du travail, car il ne peut produire qu'à condition de s'associer à ce dernier, et il ne peut consommer qu'à condition de trouver à s'échanger contre d'autres services, autrement dit contre du travail.

Telle est la réalité.

***

Mais, alors, on peut se demander comment il se fait que le travail, malgré cette apparente supériorité, soit presque toujours obligé de subir les conditions du capital.

D'où vient cette infériorité, qui paraît illogique et qui cependant est constante, dans le rapport de ces deux forces entre elles?

Tout simplement de ce que le capital peut attendre, tandis que le travail ne le peut pas. Le besoin urgent de vivre enlève le plus souvent au prolétaire la faculté de discuter en toute liberté les conditions de l'échange; or, ne pouvant les discuter, il les subit.

Voilà le mal, mal qu'on pourra d'autant plus facilement guérir qu'il a l'avantage d'être connu. Que ce soit par l'association, la coopération, le développement du crédit ou autrement, le progrès, sous une forme quelconque, y portera remède.

On ne supprime pas d'ailleurs les pièces les plus importantes d'une machine, parce qu'il y a du frottement entre elles; on tâche d'y remédier, et, avec de la volonté, du zèle et de la persévérance, on y parvient.

Or, la coexistence du travail et du capital est indispensable à leur développement mutuel; ce sont deux forces qui, bien qu'en compétition, agissent de concert et ne peuvent se passer l'une de l'autre, sous peine de se voir pour ainsi dire annihilées.

Priver le travail de l'auxiliaire du capital, c'est enlever à l'homme la possibilité d'entreprendre aucune œuvre dont l'accomplissement exige de la durée, c'est-à-dire des avances; c'est le priver du concours des machines; c'est l'obliger à produire et à consommer sur place; c'est le livrer sans défense à tous les hasards de l'imprévu; c'est le river à la misère et au malheur.

Fournir des capitaux au travail, c'est au contraire

lui donner le levier grâce auquel celui-ci peut en quelque sorte soulever le monde et enfanter les merveilles dont l'industrie étale tous les jours à nos regards le spectacle multiple et prodigieux.

Plus il y a de capitaux, plus le travail se développe, plus les produits sont abondants, plus le bien-être est généralisé.

Il va sans dire aussi que, plus le capital est abondant, plus le travail est rétribué, plus l'intérêt est à bas prix, et plus l'argent devient accessible.

En un mot, le tribut payé par le travail au capital est en raison inverse de l'abondance de ce dernier.

Il y a, comme on voit, un échange perpétuel de rapports, de services, une association tacite, permanente et continue entre le travail et le capital; et, dans cette association, il est nécessaire d'insister sur ce fait, que la part du travail est d'autant plus grande que le capital est plus abondant. Ce sont deux agents unis entre eux par une dépendance réciproque, basée sur la mutualité des services rendus.

Ce double phénomène concourt à démontrer que, loin de chercher à se nuire ou à s'exclure, le travail et le capital ont d'autant plus d'intérêt à rester unis, qu'ils ne peuvent pas se développer l'un sans l'autre. Leur divergence serait aussi nuisible que leur union doit être féconde.

On peut donc résumer les rapports du travail et du capital en disant que ce sont deux forces qui se complètent, qui partent d'une même origine, tendent au même but et méritent un égal respect et une égale protection.

Le moyen de les mettre d'accord et d'en tirer un tout harmonieux, consiste à laisser leur fonctionnement s'accomplir dans la plénitude de sa liberté.

***

Ce fonctionnement peut être aidé ou contrarié par diverses causes accessoires qu'il n'est pas sans intérêt d'examiner, car rien n'est indifférent de ce qui peut contribuer à faciliter le développement du travail, source de tout bien-être et de tout progrès.

Parmi ses auxiliaires les plus utiles il convient de placer en première ligne les voies de communication.

Elles ouvrent des débouchés à mille produits qui, autrement, se perdraient sur place; elles favorisent le bien-être, en rendant ces produits accessibles à ceux qui en eusssent été privés; elles facilitent l'échange des idées ainsi que celui des matières, développent la sociabilité, activent les relations des peuples entre eux, contribuent à la sécurité publique, économisent le temps, constituent un des instruments stratégiques les plus puissants dont l'art militaire puisse disposer ; elles sont, en un mot, un des symptômes les plus caractéristiques du degré d'avancement et de civilisation d'un peuple.

Les Français, qui s'étonnent aujourd'hui de la merveilleuse richesse de leur pays, ne s'aperçoivent pas qu'elle est le résultat presque exclusif du développement des chemins de fer depuis trente années. Ceux-ci sont allés prendre sur place, pour les mettre en valeur, une immense quantité de produits qui gisaient auparavant inertes ou abandonnés. Dès que ces produits ont trouvé un écoulement assuré, ils se sont rapidement multipliés, car rien n'encourage la production comme la vente, et rien ne facilite la vente comme les débouchés.

Il convient donc d'étendre autant que possible le réseau des voies navigables, des routes et des voies ferrées, si l'on veut développer le travail, la richesse et la puissance d'une nation.

Les machines, contre lesquelles l'ignorance et les préjugés soulèvent des accusations si absurdes, sont, de leur côté, un des agents les plus efficaces du bien-être général. Une seule réflexion le démontre : elles ont pour effet de donner une plus grande somme de résultat utile pour une quantité moindre de travail, donc elles augmentent la somme des produits, et par suite, celle du bien-être ; elles permettent en outre à l'homme de s'affranchir de plus en plus du travail matériel et grossier, pour lui substituer peu à peu le travail intelligent.

Il y a progrès incontestable chaque fois que l'homme arrive à substituer la force musculaire des animaux à la sienne propre ; mais il y a progrès plus grand encore quand il fait servir la machine à la production d'une satisfaction quelconque. Il dote l'humanité d'un service gratuit, lui épargne des efforts et augmente la somme de la richesse générale.

Personne ne peut refuser d'admettre que, si les machines fabriquent dix fois plus de tissus que la main-d'œuvre en produisait autrefois, il en résulte nécessairement qu'il y a dix fois plus de gens couverts, vêtus et garantis des intempéries.

Cela n'empêche pas quelques personnes, ne se rendant pas exactement compte des faits, d'objecter que les machines font du tort à l'ouvrier, attendu qu'elles viennent le supplanter, qu'elles lui créent une concurrence insoutenable, envahissent son champ de production et contribuent ainsi à le priver d'ouvrage.

Si, quand une machine dirigée par un ouvrier fait l'ouvrage de dix ouvriers, il arrivait que les neuf ouvriers employés auparavant fussent privés d'éléments d'activité, l'objection serait fondée et la concurrence, à ce point de vue, deviendrait désastreuse en effet.

Mais comme rien n'empêche les ouvriers auxquels la machine a été substituée de se livrer à un autre genre de travail, tout se réduit, en définitive, à un déplacement de forces, largement compensé d'ailleurs par une production plus considérable, qui enrichit la société.

Il est vrai que les neuf ouvriers supplantés par la machine seront plus ou moins obligés de faire un nouvel apprentissage. Nous ne prétendons point que le fait soit sans inconvénients, mais ces inconvénients sont restreints, tandis que le bienfait est général.

Or, en pareil cas, la partie doit être forcément sacrifiée au tout.

D'ailleurs, l'ouvrier ne peut se trouver atteint d'une façon vraiment sérieuse et réellement pénible, qu'en cas d'une invasion trop brusque des machines. Ces cas sont peu fréquents, toute invention exigeant des tâtonnements, des essais, du temps et des capitaux, avant d'être en état de s'implanter et de fonctionner. Ainsi donc, toute machine qui produit plus et à meilleur marché que l'ouvrier, constitue un bénéfice net pour la société, et le travailleur auquel est venu se substituer l'agent mécanique, n'est pas longtemps sans trouver les moyens de s'occuper d'une autre manière.

La transition est parfois rigoureuse, mais non pas à un tel point qu'elle doive être acceptée comme une objection suffisante au développement du progrès, dont la marche, si pénible qu'elle soit, ne saurait être suspendue.

***

Si les machines sont l'objet de préventions injustes et mal fondées, il existe un autre agent de l'activité industrielle qui ne l'est pas moins. Nous voulons parler de la concurrence.

Chacun, en effet, est assez disposé à ne tenir compte que de ce qui touche à son intérêt privé, sans se soucier autrement de ce qui peut nuire à l'intérêt général.

Le calcul n'est pas généreux ; ajoutons qu'il n'est pas meilleur que généreux.

En effet, ce qui profite à tout le monde profite à chacun.

S'il n'y avait pas de concurrence, chacun vendrait probablement sa marchandise plus cher, mais comme il paierait plus cher celle qu'il achèterait chez son voisin, il y aurait par le fait compensation, avec cet inconvénient en plus que, si le bon marché développe la consommation, la cherté la diminue. De sorte que les affaires se resserrant, au lieu d'arriver à l'abondance des produits, on aboutirait à leur disette.

Du reste, la concurrence est le stimulant qui pousse l'homme aux découvertes, qui dissipe la routine, qui crée tous les procédés ingénieux que nous admirons, qui hâte et favorise le progrès. La concurrence naît de la liberté même, et si elle emprunte quelques inconvénients à son origine, elle en conserve aussi tous les heureux priviléges.

La concurrence est donc fondée, non-seulement sur un fait licite, mais encore sur un principe juste et fécond.

Ce qu'il ne faut pas confondre avec la concurrence, ce qui lui enlève même tout essor et ce qu'on ne saurait combattre avec trop de persistance et d'énergie, c'est le privilége, sous quelque forme qu'il se présente et de quelque apparence qu'il se revête.

Tout privilége est un avantage basé sur une injustice et exploité par un petit nombre aux dépens de la majorité ; il constitue un vol plus ou moins déguisé, commis au détriment de la masse laborieuse.

Les priviléges concédés aux agents de change, trésoriers généraux, courtiers, avoués, notaires, commissaires-priseurs ou autres, sont autant d'atteintes portées à la liberté du travail, en rendant ces carrières inaccessibles à une portion des citoyens et en contraignant tous ceux qui sont obligés de recourir à ces offices privilégiés, à accepter les conditions arbitraires qu'on leur impose.

Il en résulte que le service est souvent mal fait, sans qu'il soit facultatif d'y remédier, et qu'il est presque toujours trop payé, sans qu'il soit possible d'en discuter librement le prix.

Nous croyons qu'on peut, sans exagération, évaluer à 150 millions la somme prélevée chaque année sur le travail par les parasites de tous genres qui vivent des priviléges maintenus jusqu'à ce jour en France.

Les trésoriers généraux remplissent des fonctions

qui pourraient être confiées à la Banque sans qu'il en coûte presque rien à l'Etat.

La corporation des agents de change de Paris, composée de 60 membres, prélève seule plus de cent millions de francs chaque année pour le courtage des affaires, dont on n'est pas libre de confier le soin à d'autres qu'à elle.

La corporation des commissaires-priseurs offre en plus petit un des exemples scandaleux de notre époque, une des plaies où le parasitisme s'étale sous son aspect le plus cynique.

On y voit des titulaires n'ayant jamais rempli un seul instant leurs fonctions, venir prélever régulièrement ce qui leur revient sur la masse des profits. Oui, de pareils offices existent encore à notre époque, ils s'achètent et ils se vendent ; on en trafique, on en vit !

C'est, bien entendu, le travailleur qui sue sang et eau pour suffire à l'entretien de tous ces parasites. Or, en admettant que ce qu'on lui enlève abusivement sous cette forme n'atteigne en tout qu'un chiffre de 150 millions par an, on conviendra que cela mérite d'être pris en considération dans la balance financière d'un pays où l'on n'est pas parvenu à équilibrer une seule fois le budget depuis plus de vingt ans !

***

A côté de ces divers privilèges, et nous ne saurions tous les inventorier, il en existe un plus frappant encore, non pas tant à cause des profits qui résultent de son exploitation qu'en raison de l'influence qu'il exerce sur la situation économique du pays ; nous voulons parler du privilége conféré à un établissement particulier pour l'émission des billets payables à vue et au porteur.

En pure théorie, ce privilége est exactement comme tous les autres, il ne vaut rien. En fait, comme c'est un des mieux surveillés et un de ceux dont on a su user jusqu'ici avec le plus de prudence, on est arrivé à le rendre à peu près supportable dans la pratique. Mais il ne s'ensuit pas qu'on doive en abandonner les bénéfices, comme cela s'est pratiqué jusqu'à présent, contre une indemnité insuffisante, pour ne pas dire dérisoire.

Si, par des considérations que nous n'avons pas à aborder ici, on veut maintenir ce privilége à une banque unique, qu'on le mette au moins aux enchères à des époques périodiques, tous les dix ans ou vingt ans, par exemple, et que le public soit appelé à recueillir une partie, sinon la totalité, des bénéfices provenant de son fait.

On peut être sûr de ne manquer ni de concurrents, ni de compétiteurs. La faculté laissée à l'Etat de rédiger le cahier des charges permettra au législateur de sauvegarder les intérêts dont il a la tutelle, et, tout en maintenant à l'établissement investi de la confiance publique son autonomie et son indépendance absolues, on agira du moins de telle sorte enfin que, si privilége il y a, ce privilége devienne moins lourd et soit moins injuste. Il faut chercher, pour cela, non pas tant à faire profiter le Trésor d'une sorte de dîme prélevée sur le commerce, qu'à restituer à celui-ci, sous forme d'abaissement du taux de l'intérêt et de facilités d'escompte, la plus grande partie des profits dont il est la source.

L'escompte du papier à deux signatures (celle du vendeur et celle de l'acheteur) serait une des premières, comme une des plus logiques conséquences d'un système ayant pour but de favoriser le commerce, plutôt que les intérêts privés de la Banque.

Avant, du reste, d'entrer dans la réglementation du privilége de cet établissement, il n'est pas hors de propos d'esquisser en quelques lignes le système sur lequel reposent en général les Banques d'Etat modernes.

***

En principe, la Banque est investie de deux fonctions tout à fait distinctes :

Elle reçoit des dépôts ;

Elle escompte des effets de commerce.

Comme Banque de dépôts, elle peut émettre autant de billets qu'elle reçoit d'espèces, ni plus ni moins, elle n'encourt aucun risque et n'a besoin d'aucun capital.

C'est un établissement d'utilité publique, facilitant les transactions du commerce par la substitution plus ou moins partielle de la monnaie de papier à la monnaie métallique, la première étant infiniment plus commode que la dernière, dans la plupart des cas.

La condition absolue qui ressort d'un fonctionnement ainsi limité, est qu'il y ait toujours parité exacte, entre le montant de l'émission des billets et le montant des dépôts en métaux précieux.

Lorsque c'est comme établissement d'escompte que la Banque agit, ses fonctions consistent à acheter du papier de commerce à une échéance déterminée et à un prix qui varie suivant le taux de l'intérêt.

Dans ce dernier cas, la Banque fait fonction de négociant, elle a besoin d'un capital à elle; elle encourt des risques, rend des services spéciaux, et a droit, par conséquent, à une rémunération appelée bénéfice.

Si les deux fonctions que nous venons d'indiquer étaient laissées libres, accessibles à tout le monde, il n'y aurait pas de privilége, et chacun pourrait, soit individuellement, soit collectivement, constituer des Banques de dépôt, des Banques d'escompte, ou même des Banques remplissant simultanément ce double rôle, comme fait la Banque de France.

C'est ce qui se passe en Amérique.

Dans les États de l'ancien continent, les choses ont procédé autrement, et le point de départ du privilége se retrouve presque toujours dans la pénurie extrême de l'État.

Celui-ci a dit, dans un moment de gêne, aux promoteurs d'établissements de Banques : Avancez-moi l'argent dont j'ai besoin, et je vous donnerai en échange le privilége que vous demandez.

Voyons sur quoi repose ce privilége.

Si la Banque ne faisait qu'émettre du papier en échange des dépôts qu'elle reçoit, et que pratiquer l'escompte des effets de commerce avec son propre capital, elle serait assujettie au droit commun et n'aurait d'autre profit que celui qui appartient à chaque négociant placé dans une situation analogue.

Le privilége de la Banque, les bénéfices qu'elle tire de ce privilége résultent donc d'un autre phénomène économique, démontré par une longue expérience, à savoir, que la circulation fiduciaire peut atteindre sans danger trois à quatre fois le montant de l'encaisse métallique des Banques.

Il est impossible de déterminer par une théorie exacte l'étendue et les causes de ce phénomène. On sait seulement qu'il est plus ou moins influencé par divers contingents, tels que la confiance générale, la balance du commerce avec l'extérieur et l'habitude qui tend à substituer de plus en plus la monnaie de papier à la monnaie métallique.

D'où qu'il provienne, le fait existe, et il est reconnu que nos Banques d'État modernes peuvent émettre sans danger, au moins trois fois autant de billets payables à vue et au porteur, qu'elles ont d'espèces en caisse. Comme ces espèces sont en grande partie fournies par des dépôts gratuits, il en résulte que les Banques d'Etat bénéficient d'un intérêt sur des sommes considérables, créées en quelque sorte, ou tout au moins mises à leur disposition, par le fait de la confiance, des habitudes et de la convenance du public.

***

Si nous prenons la Banque de France comme type, nous voyons que son capital est de 182 millions 1/2, son encaisse de 1,500 millions, sa circulation de 2,550,000 francs, et son portefeuille de 1,450,000 francs. Ainsi, cet établissement reçoit 4 ou 5 0/0 (suivant le taux de l'intérêt) sur une somme environ décuple de son capital effectif, c'est-à-dire qu'il est doté, par le fait, d'un privilége qui lui permet de tirer 40 à 50 0/0 l'an de son capital réel, ou, pour être plus exact, qu'il est doté d'un privilége qui maintient à peu près constamment entre ses mains un capital gratuit tendant sans cesse à augmenter, et qui dépasse actuellement un milliard.

Ce privilége équivaut, comme nous l'avons dit et comme l'expérience le démontre, à une rente annuelle d'environ 50 millions.

On impose, par contre, quelques services gratuits à la Banque; mais que sont ces services en présence de l'énormité des bénéfices que lui assure son privilége ?

Au lieu de concéder un monopole aux Banques moyennant des prêts à l'État, lesquels constituent des mesures vicieuses en même temps que des indemnités dérisoires, on voit qu'il serait infiniment plus habile et plus convenable d'affermer ce monopole en le mettant périodiquement aux enchères, ce qui procurerait au moins 30 à 40 millions de revenus à l'État. Encore trouverions-nous infiniment préférable de perfectionner le mécanisme des Banques, de telle sorte que l'immense profit qu'elles retirent du capital disponible laissé entre leurs mains, soit appliqué en majeure partie à la réduction du taux de l'escompte.

Quand l'escompte est à bon marché, c'est le travail qui en profite; la production se développe et possède une des meilleures armes pour lutter avec avantage contre la concurrence étrangère.

Il ne faut pas s'arrêter à l'objection que si l'escompte tombe très-bas, il sera facile d'enlever à la Banque ses capitaux au moyen du papier de circulation.

La Banque sait parfaitement quelles sont les mesures à prendre pour garantir son encaisse contre le papier de circulation, et, si bas que soit le taux de l'escompte, ces mesures sont assez efficaces pour empêcher tout abus.

Ainsi les divers priviléges qui subsistent encore en France, malgré tous ceux que la Révolution de 89 a abolis, représentent un prélèvement annuel qu'on peut évaluer au bas mot de 150 à 200 millions. Si l'on ajoute à cette somme toutes les subventions abusives allouées aux théâtres, à des entreprises qui n'y ont pas droit ou qui n'en ont pas besoin, on reconnaîtra que l'ensemble des sommes prélevées indûment sur le travail, équivaut à un dixième au moins de notre budget.

Les droits protecteurs dont on favorise à tort certaines industries ne sont ni moins contraires aux saines notions économiques, ni moins préjudiciables à la liberté du travail, que les priviléges dont nous venons de démontrer l'effet pernicieux.

Ces droits protecteurs ont pour but, dans la pensée de leurs auteurs, de mettre chaque nation en mesure de se suffire à elle-même. Mais cette prétention chimérique est contraire, à la fois, aux lois de la nature et aux règles du bon sens.

Il n'est pas plus raisonnable de vouloir contraindre le même sol à fournir à la fois les produits opposés du nord et du midi qu'il serait sensé de vouloir utiliser un cheval de course à deux fins : courir sur le turf et traîner la charrue.

Les aptitudes des hommes sont diverses, comme les climats ; les produits animaux, végétaux et industriels ne le sont pas moins. C'est cette diversité même d'où dérive l'activité commerciale et d'où naît la masse prodigieuse d'échanges qui s'effectuent sur tous les points du globe, au grand profit de la civilisation et du bien-être des peuples.

Les droits protecteurs ont pu avoir leur raison d'être jusqu'à un certain point et à une certaine époque ; ils ont pu être temporairement utiles en favorisant l'éclosion ou l'acclimatation de certaines industries ; mais il n'est pas douteux que la somme des inconvénients qu'ils entraînent, l'emporte de beaucoup maintenant sur l'étendue des services qu'on peut en tirer.

Autant le libre échange est conforme aux lois de la nature, au développement et à la prospérité de la grande famille humaine, autant le système protectionniste est restrictif, étroit, injuste et réfractaire à tout progrès. C'est une source de conflits, c'est une entrave mise au travail, qui constitue à la fois un danger, une injustice et une maladresse.

***

Il n'y a pas que les privilèges, les monopoles et les droits protecteurs qui portent atteinte et préjudice à la liberté du travail; il en est de même de toute ingérence arbitraire apportée dans les lois de l'offre et de la demande.

Est-il rien de plus choquant, par exemple, de plus arbitraire et de plus opposé à l'indépendance du capital et aux droits du travail, que la limitation du taux de l'intérêt?

Sans doute, le législateur, en limitant le taux de l'intérêt, a voulu empêcher l'usure et protéger le faible contre la rapacité du fort. Tout cela est très-louable comme intention, mais va malheureusement d'une façon directe contre son but et, en fin de compte, n'empêche rien du tout.

Chacun sait, en effet, combien la loi peut être aisément tournée et combien elle l'est fréquemment.

Cette loi est donc non-seulement arbitraire et injuste, mais encore elle est caduque dans ses effets.

En principe, on n'a pas plus le droit de fixer un maximum, qu'un minimum au prix d'une marchandise. Ce prix se règle sur l'équivalence des services rendus, telle qu'elle résulte de l'offre et de la demande librement débattues.

Or, l'argent est une marchandise; rien d'extraordinaire donc à ce que son prix soit variable. Prétendre en fixer la valeur est à peu près aussi sensé que de décréter l'immobilité des astres.

En dehors de sa variabilité propre, l'argent destiné à être prêté est soumis à une autre cause de fluctuations qui est de nature à modifier encore le prix de ses services.

Cette cause de variabilité dépend du risque encouru par le capital engagé.

Suivant que l'étendue de ce risque est plus ou moins grande, l'argent doit être nécessairement plus ou moins cher.

En un mot, la question d'intérêt proprement dite se trouve compliquée d'une question d'assurance.

Vouloir qu'on prête de l'argent à taux égal au débiteur solvable et au débiteur douteux, c'est exiger quelque chose d'injuste, d'illogique, d'impossible, c'est, encore une fois, porter atteinte à la liberté de l'offre et de la demande, base essentielle et nécessaire de toute transaction.

En limitant d'une façon arbitraire le taux de l'intérêt, le législateur empiète sur les droits des contractants; il confisque au capital une partie de ses prérogatives, en même temps qu'il enlève au travail les moyens d'acquérir un auxiliaire dont il est mieux à même que personne de discuter la valeur et le prix.

***

Nous avons signalé une partie des entraves qui s'opposent à la libre expansion du travail. Nous avons démontré combien il est indispensable de supprimer ces entraves, et d'écarter les injustes revendications qu'on prétendrait soulever au nom du travail.

Il nous reste à étudier les moyens légitimes dont peut user le travail pour s'émanciper et pour faire disparaître la seule trace d'infériorité que l'isolement, le manque d'entente ou de cohésion lui créent vis-à-vis du capital.

Le capital, avons-nous dit, a plus besoin du travail que celui-ci n'a besoin du capital, mais comme l'un et l'autre sont régis par la loi fondamentale de l'offre et de la demande, et comme le capital peut attendre que les conditions qu'il pose soient acceptées, c'est lui qui finit presque toujours par l'emporter en cas de désaccord ou de conflit.

Quels sont les moyens, pour le travail, d'échapper à cette cause d'infériorité ?

Ils sont dans l'union intime et fraternelle des travailleurs, dans les différentes formes d'association qui dérivent de cette union et qui leur permettent de résister aux exigences qui seraient excessives ou mal fondées.

Isolées, les forces du travailleur seront presque toujours réduites à l'impuissance; réunies, elles suffiront pour le mettre en état de traiter sur le pied d'égalité avec le capital.

Toute puissance est faible, à moins que d'être unie

a dit le plus sensé, sinon le plus grand de nos écrivains.

Cette union, si indispensable à l'élément laborieux, puisque c'est elle seule qui peut faire sa force, peut se manifester sous des formes diverses. Nous ne nous occuperons ici, bien entendu, que des plus saillantes.

Les ouvriers peuvent d'abord se réunir et s'entendre, pour suspendre le travail lorsque les conditions imposées par le capital leur paraissent injustes ou inadmissibles.

C'est la *grève*, moyen légitime, mais dangereux et presque toujours préjudiciable aux intérêts qui sont en litige.

La grève est cependant une force de résistance dont il est parfois indispensable de faire usage; elle n'est toutefois qu'une force négative, une arme de défense, et c'est d'un autre côté qu'il faut se tourner pour trouver les puissantes et fécondes ressources de l'association.

Guidés par le sûr instinct du bon sens, les ouvriers se sont rendu compte que leurs fonctions essentielles se résument à deux : consommer et produire, et que ces deux fonctions sont mises en jeu par un troisième agent, le crédit

Ils ont donc concentré les efforts de l'association vers ces trois points principaux et ils ont formé des sociétés coopératives de Consommation, de Production et de Crédit.

La Société dite de *Consommation* a pour objet l'achat en gros des marchandises de première nécessité et leur revente en détail à l'ouvrier, qui se trouve ainsi à l'abri des fraudes et des sophistications, en même temps qu'il réalise, comme économie, le bénéfice qui eût été prélevé sur lui par le marchand en détail.

Il faut bien dire qu'en réalité, ce genre de Sociétés n'est qu'une sorte de protestation heureuse contre certains abus du commerce, mais il ne faut pas s'attendre à y trouver rien de bien fondamental ou de bien topique pour l'amélioration du sort de l'ouvrier.

Une pareille association va même, jusqu'à un certain point, à l'encontre de la division du travail. Des ouvriers tisseurs, mécaniciens ou autres, nous paraissent moins aptes, par exemple, à installer une boulangerie ou une boucherie, que le boulanger et le boucher, dont c'est spécialement la profession. De plus, ces Sociétés doivent restreindre la vente à un certain cercle de consommateurs, sous peine de dévier de leur but et de rentrer dans le domaine commun.

Les Sociétés coopératives de consommation peuvent procurer à leurs associés divers avantages plus ou moins appréciables, cela n'est pas douteux; mais leur portée, en somme, est restreinte, et leur application économique sujette à contestation.

La Société coopérative de *Production* a une portée autrement grande et un but singulièrement plus élevé que la précédente. Elle réunit dans un effort commun les divers ouvriers d'une même industrie. Là, chacun apporte son labeur, son intelligence, ses outils, sa clientèle, son petit capital. Ce qu'aucun des membres qui le composent n'eût pu faire isolément, devient possible pour tous, grâce à la réunion des forces communes.

Le résultat le plus immédiat de la Société coopérative de production, c'est l'élimination du patron. C'est aussi la dignité de l'ouvrier mise en relief, son activité et son habileté, tendues fortement par les ressorts de l'amour-propre et de l'intérêt personnel ; c'est sa complète émancipation, en un mot. Ce genre de Sociétés a, comme on voit, d'excellents côtés et offre de nombreux avantages, mais il n'est pas non plus sans inconvénients.

Cette association d'ouvriers opérant leur production en commun, supportant ensemble les pertes, répartissant leurs bénéfices proportionnellement à la quote-part due à chacun, est certainement un beau spectacle, un des plus dignes et des plus encourageants pour l'humanité ; mais cette association n'est pas, encore une fois, sans dangers, car, en même temps qu'elle élimine le chef et sa part de prélèvement, elle supprime la responsabilité qui, sous la forme usuelle, incombe à ce dernier.

L'association est donc forcée de subir des risques

que le salaire ne comporte pas, de sorte que si ce dernier est moins élevé que le bénéfice obtenu directement, il est juste de convenir qu'il offre à l'ouvrier un caractère de sécurité plus complet.

Si par malheur l'association coopérative de production subit un échec dès sa première année d'existence, elle éprouve beaucoup de peine à s'en relever et à poursuivre sa route, tandis qu'en pareille circonstance le capital possédé par le patron permet à celui-ci de résister au choc, d'attendre de meilleurs jours, et de baser en un mot les résultats de son entreprise sur une moyenne de plusieurs années.

Quoi qu'il en soit, si les Sociétés coopératives de production présentent des risques pour l'ouvrier, si elles exigent une prudence, un accord et un ensemble de qualités difficiles à trouver toujours réunies, elles n'en constituent pas moins une des formes d'émancipation les plus complètes et les plus élevées, une de celles qui ont le plus d'avenir et qui méritent le plus d'être encouragées.

Certains patrons, mus par une pensée à la fois philanthropique et intelligente, ont introduit une sorte de système mixte entre la forme coopérative pure et le salariat proprement dit.

Ils ont associé les ouvriers à leurs bénéfices dans une mesure déterminée.

Ce mode de procéder, excellent à beaucoup de points de vue, ne peut qu'encourager les bons rapports entre patrons et ouvriers, stimuler le talent et l'activité des uns, encourager la bienfaisance des autres et développer, à l'avantage commun, les liens d'une sympathie et d'un dévouement réciproques.

Grâce à ce système mixte, qui tendra de plus en plus à se répandre, au fur et à mesure que les patrons eux-mêmes en apprécieront les bons résultats, le travailleur se trouve mis à l'abri des risques qu'entraîne forcément l'association coopérative pure et simple, tout en recueillant une partie des avantages qu'elle comporte.

Celle-ci n'en reste pas moins le modèle du genre, car bien qu'elle nécessite pour réussir le concours d'ouvriers d'élite, elle tend par ce fait même à élever constamment le niveau intellectuel et moral de la classe laborieuse, c'est-à-dire de l'immense majorité de la nation.

Le troisième genre d'association coopérative est spécial aux opérations de *Crédit* proprement dites et a pour but de condenser l'épargne du travailleur, d'en réunir les parcelles de façon à constituer un capital destiné, spécialement, à commanditer le travail.

Ce genre de Sociétés a pour effet d'habituer l'ouvrier à l'économie, et il ne faut pas se dissimuler que l'épargne est le premier, l'un des plus sûrs et l'un des meilleurs moyens d'émancipation.

Certes, l'économie est parfois difficile pour l'ouvrier, elle exige une force de volonté peu commune, surtout lorsqu'elle ne peut s'exercer, comme il arrive souvent, qu'aux dépens du nécessaire. Mais, même dans ce cas, il faut en encourager la pratique. A plus forte raison doit-elle être recommandée lorsque c'est aux dépens du superflu qu'elle peut se réaliser.

Le travailleur qui se rendra compte des avantages résultant de l'économie, emploiera donc toute sa persévérance et toute son énergie à s'en assurer la possession.

L'économie, accumulée sous forme d'épargne, permet de parer aux cas de maladie, aux accidents imprévus, et d'assurer plus ou moins le pain des vieux jours.

Elle atteint même à des fonctions d'utilité plus générales, puisqu'elle permet à l'ouvrier, soit de s'établir pour son propre compte, soit, en recourant à la mutualité, de disposer d'un capital assez considérable pour commanditer, tour à tour, ceux de ses camarades qui s'en montrent dignes et qui offrent à la collectivité des garanties suffisantes.

La Sociéte coopérative de crédit revêt diverses formes : elle remplace avantageusement la caisse d'épargne, elle peut servir à fonder des caisses de retraite, des caisses de secours, des caisses de prêts.

Elle dispose, en dehors de ses ressources pécuniaires, de ressources morales, constituant ce qu'on nomme, à vrai dire, le crédit ; crédit qui résulte de la confiance qu'inspire la solidarité de tous les associés, et qui permet à ceux-ci d'entreprendre ce dont aucun d'eux, réduit à ses forces personnelles, n'eût pu tenter l'essai.

En somme, l'union et l'économie sont les deux leviers les plus puissants que puisse faire agir l'ouvrier pour surmonter les difficultés contre lesquelles il a à lutter.

C'est grâce à l'union qu'il peut résister aux exigences du capital, et c'est grâce à l'économie qu'il peut s'émanciper et devenir à la fois capitaliste et travailleur, c'est-à-dire patron.

Ainsi, à nos yeux, il suffit, pour que le travail obtienne tout ce qu'il réclame, c'est-à-dire la satisfaction des besoins ordinaires de l'homme, de lui permettre de se développer en toute liberté, de laisser le commerce s'étendre partout, grâce au libre échange, à la facilité des communications, au bon marché de l'intérêt et à la suppression de tous les organes parasites qui vivent à ses dépens.

Dans ces conditions, le travail trouvera toujours à s'employer, et cela d'une manière fructueuse. Tous les ressorts de l'industrie et du commerce fonctionneront d'autant mieux qu'ils seront plus indépendants.

Il n'est pas un ouvrier qui puisse manquer de travail, parce qu'il n'est pas un homme qui refuse d'échanger les produits qu'il a en trop contre ceux qui lui font défaut; travailler, c'est produire; produire, c'est créer une jouissance; l'homme ne repousse pas les jouissances, il les cherche au contraire avec ardeur.

Il ne s'agit donc, à vrai dire, pour arriver à établir une harmonie complète entre le travail et le capital, que de placer chacun sur le terrain de l'équité; le résultat final n'est pas douteux, il s'appelle abondance, prospérité, confiance et union.

Ce n'est pas à dire qu'il n'y aura jamais d'ombres au tableau, que cette harmonie sera tellement uniforme et si bien réglée, qu'aucune crise n'adviendra, que les calamités humaines ne s'ajouteront pas parfois aux calamités dont la nature nous frappe à certains intervalles; mais, nous l'avons déjà dit, la perfection absolue n'est pas de ce monde, aucune réglementation ne peut porter remède à tous les maux.

A la fraternité, à la charité humaine, appartient la mission de pallier ces imperfections ; ce sont elles qui combleront les lacunes des lois, qui soutiendront le faible, l'infirme, le malheureux. Il n'y a pas de règle à leur assigner, elles obéissent à des lois que chacun trouve inscrites dans son propre cœur et que nous n'avons pas à leur tracer.

Néanmoins, pour nous, comme pour le sage, et tout en admirant les nobles dévouements qu'a su inspirer la charité : *une once de justice est plus précieuse qu'une tonne de charité ;* voilà pourquoi nous nous sommes efforcé surtout de mettre en lumière l'immense soulagement qui résulterait, pour tout le monde, de l'adoption de ce système : que dorénavant, les rapports du travail et du capital soient abandonnés à leur impulsion libre et naturelle, qu'ils soient livrés à eux-mêmes, qu'on leur laisse le soin de se rencontrer sur le terrain de la conciliation et qu'ils puissent discuter en toute liberté les conditions de leur accord.

Si cet accord n'est pas parfait, il sera bien près de l'être ; si, malgré la féconde influence de la liberté, il reste encore des malheureux, il y en aura certainement moins que sous un régime d'injustice, d'arbitraire et de compression.

D'ailleurs, encore une fois, il faut laisser à ceux qui ont le bonheur de n'être point étrangers aux sentiments d'humanité, le soin de combler, en puisant dans les meilleures qualités de leur âme, les lacunes et les imperfections dont toute œuvre humaine porte fatalement l'empreinte.

CHAPITRE X

LA GUERRE

La guerre est le plus grand des fléaux qui désolent l'humanité, car elle les résume tous. C'est une calamité qu'on peut être obligé de subir et contre laquelle il faut toujours se tenir prêt à lutter, mais qu'on ne doit jamais provoquer, et qu'on doit, au contraire, faire tout son possible pour éviter.

S'il y a certains cas où la guerre soit nécessaire, il y en a beaucoup plus où il faut l'attribuer à l'ambition, à la cupidité et à ce prétendu amour de la gloire qui se manifeste avec d'autant plus d'ardeur chez les princes, que ceux qui décident la guerre sont rarement ceux qui en subissent les horreurs.

Il est évident que si les actes des hommes étaient dirigés par les lois de la raison, il y aurait très-peu de guerres, car, abstraction faite de la question d'humanité, la guerre est rarement profitable au vainqueur même. La plupart des guerres sont le fait de l'ambition des princes, généralement tentés d'agrandir leurs domaines, tandis que les républiques sont presque toujours satisfaites du territoire qu'elles occupent.

Non-seulement la guerre ne produit rien, par elle-même, mais encore elle détruit ; elle n'aboutit tout au plus qu'à un déplacement de richesse ou de puissance, au profit de l'un, au détriment de l'autre, et comme ce déplacement ne s'effectue qu'avec une déperdition extrême, il coûte parfois au vainqueur plus qu'il ne lui rapporte.

Il n'est pas rare d'ailleurs qu'il soit suivi d'un autre déplacement en sens inverse et non moins dispendieux, lequel ramène les choses dans leur état primitif.

D'autres fois enfin, le résultat de la guerre est si indécis, qu'il n'apporte pas de changement appréciable à ce qui existait auparavant.

Du reste, les puissances qui vivent de conquêtes finissent toujours et fatalement par succomber, parce qu'il arrive un moment où après avoir lassé et effrayé tout le monde, elles trouvent tout le monde contre elles et succombent sous le poids d'une coalition.

C'est l'histoire de Louis XIV et de Napoléon. Ce ne sera probablement pas la dernière de ce genre.

Admettons, cependant, qu'un homme de génie aussi heureux que prudent, parvienne à étendre son territoire et à conserver toutes ses conquêtes de son vivant. Cela s'est vu, mais la fragilité des conquêtes n'en est pas moindre, et quand celui qui les avait réunies n'existe plus, elles se désagrégent et disparaissent au milieu de l'immense désordre qu'elles entraînent.

C'est le cas des conquêtes d'Alexandre, c'est l'histoire de l'empire de Charlemagne.

De toutes façons, ce qu'on peut affirmer de plus positif, c'est que la guerre, qui ne produit rien, coûte toujours horriblement cher.

En fait de force, la seule productive est la force du travail.

Mais la question matérielle, eu égard aux calamités qu'entraîne la guerre, n'est elle-même que bien secondaire, comparée à la question d'humanité.

Quelle charge de conscience pour celui qui, sans être déterminé par les plus graves motifs, sacrifie l'existence de milliers d'hommes !

Songe-t-il, avant de risquer ce grand enjeu, que tous ces êtres pensent, agissent, produisent, aiment et sont aimés, qu'ils sont liés par les fibres de la tendresse à tout un monde de parents et d'amis, que moissonnés dans la fleur de l'âge, ils ne vont bientôt plus laisser derrière eux qu'un amas de cadavres pour engendrer la peste, et des champs ravagés témoignant que, faute d'avoir fait une grande moisson des biens de la terre, les hommes ont fait là ce qu'ils appellent une ample moisson de gloire ?

Triste compensation ! et malheur à qui l'accepte d'un cœur léger !

***

S'il y a peu de guerres profitables et si toutes font horreur à l'humanité, il est méritoire de les éviter ou de faire tout au moins son possible pour les rendre de plus en plus rares.

Les peuples, quoiqu'ils n'aient jamais cessé de se ruer les uns sur les autres, ne se haïssent point naturellement ; leurs sentiments ainsi que leurs intérêts les portent à vivre en paix, les vieux préjugés tendent à se dissiper graduellement, les lumières pénètrent peu à peu partout, et, avec la diffusion de l'instruction, la fréquence et la facilité des rapports internationaux, les idées se tourneront de plus en plus vers la conciliation et la paix.

On peut donc être certain que les peuples, qui sont toujours les premières victimes de la guerre, sont aussi ceux qui en répudieraient le plus volontiers les sanglants hasards.

Ajoutons qu'un des meilleurs moyens de rendre la guerre, sinon impossible, du moins très-difficile, c'est de faire que tout le monde soit obligé d'être soldat.

Ce système, en effet, a pour résultat de rendre les moyens de défense infiniment supérieurs aux moyens d'attaque, et par suite de décourager l'esprit d'agression.

On ne remue pas toute une nation pour la lancer jusqu'au dernier homme au delà des frontières, tandis qu'elle se lève d'elle-même tout entière pour défendre le sol où elle est née.

Une armée perd de sa force au fur et à mesure qu'elle s'éloigne de son point de départ, tandis que la nation restant chez elle, conserve la sienne intacte.

D'ailleurs, des luttes empruntant ce caractère gigantesque ne s'entament pas sur un prétexte futile, et du jour où la guerre deviendra nationale, elle sera moins fréquente que lorsqu'elle pouvait se faire au moyen de troupes mercenaires, ou de corps d'armée indépendants de la nation.

Bien que nous ayons conclu précédemment à l'absolue fatalité de la guerre, nous dirons néanmoins, qu'il est du devoir de toute nation civilisée de tendre à l'éviter et que les efforts dirigés dans ce sens ont de plus en plus de chances de réussir.

Nous ne contestons pas qu'il y ait des guerres nécessaires.

Il y a des circonstances où celui qui attaque ne fait même en réalité que se défendre.

Le véritable provocateur n'est pas toujours celui qui entre en campagne le premier, et une nation est même obligée, dans certains cas, d'intervenir dans des conflits qui ne paraissent pas la concerner directement.

Cette intervention est légitime lorsque la sécurité est menacée par les entreprises d'un voisin ambitieux, mais elle serait criminelle et contraire aux règles modernes du droit des gens, si elle avait pour but d'influencer la volonté d'un peuple et de le contraindre à adopter une forme de gouvernement plutôt qu'une autre.

Que l'Espagne soit en république ou en monarchie, cela peut être plus ou moins conforme à nos goûts, mais nous n'avons pas à nous en mêler, cela ne nous regarde pas autrement. Un pays ne doit sortir de sa neutralité que lorsqu'on l'attaque ou que sa propre sécurité lui fait un devoir de s'opposer aux envahissements d'un voisin ambitieux.

Si tous les Etats européens étaient en république, il est probable que nul d'entre eux ne songerait à faire des guerres et surtout des guerres de conquêtes, mais étant donné qu'il y a des rois, c'est-à-dire des artisans de guerre et des envieux de conquêtes, il faut bien se mettre en mesure de sauvegarder l'équilibre européen, qui est la clé de voûte de notre sécurité et de nos libertés.

Il importe que les ambitieux soient tenus en respect mutuellement, et il est nécessaire que nous intervenions par les armes, quand nous voyons un Etat poursuivre la réalisation d'une conquête, suivie inévitablement d'autres conquêtes ayant pour effet d'augmenter sa puissance jusqu'au point de la rendre menaçante pour la sécurité générale.

Mais ces faits peuvent être empêchés par une politique sage et prévoyante, et nous croyons que, réduites à elles-mêmes, les luttes de peuple à peuple seraient excessivement rares.

Considérons donc comme des exceptions ces grands accidents de l'humanité, efforçons-nous d'en réduire le nombre, et repoussons surtout bien loin de nous ce fameux principe des guerres entreprises sous le prétexte plus ou moins spécieux de porter la civilisation parmi les peuples où elle n'a pas encore suffisamment pénétré !

Si un pareil argument pouvait être jamais pris au sérieux, il prêterait aux interventions les plus arbitraires et ne servirait souvent qu'à masquer les desseins les plus iniques, de même qu'il constituerait un empiétement monstrueux sur la liberté imprescriptible, qui appartient à chaque nation, de se gouverner comme elle l'entend, pourvu qu'elle ne porte pas préjudice aux autres.

Laissons donc de côté la prétendue civilisation cultivée à coups de canons; employons des moyens de persuasion plus humains, plus légitimes et surtout plus sincères.

Les rapprochements que le commerce et l'industrie font naître et développent parmi les nations sont des moyens à la fois plus humains et plus efficaces.

En résumé, le bon sens et la réflexion démontrent que la guerre peut être limitée à un petit nombre de cas, qu'elle entraîne à sa suite des fléaux sans nombre, qu'un gouvernement sage et humain doit faire tout son possible pour l'éviter, et qu'il est à même d'y réussir dans la plupart des cas.

Qu'un peuple, lorsqu'il est attaqué, ait le droit légitime de se défendre, c'est ce que le plus simple bon sens indique et ce que personne ne songe à contester. Mais combien ce cas est rare ! et combien plus encore il le deviendra, lorsque les nations, mieux éclairées, en seront arrivées à comprendre qu'une agression, même heureuse, comporte rarement autant d'avantages qu'elle entraîne fatalement de périls, de charges et de calamités.

Que les peuples commencent par bien se convaincre que la gloire est un vain encens; qu'ils se rendent bien compte ensuite que la guerre, loin d'être avantageuse, est le plus sûr instrument de ruine. Que les nations s'unissent entre elles ; qu'elles cherchent à établir les bases d'une confédération universelle, et si elles n'arrivent pas à chasser complétement de la surface du globe le fléau de la guerre, celle-ci, du moins, deviendra de plus en plus rare et de plus en plus difficile, au grand bénéfice de l'humanité, de la civilisation et du progrès.

Pax optima rerum est.

CHAPITRE XI

L'ACTUALITÉ

Dans le perpétuel *devenir* dont le monde offre le spectacle, notre époque continue l'œuvre des périodes précédentes. La marche du progrès y est même plus générale et plus accélérée qu'elle ne l'a jamais été; elle se poursuit dans le domaine des faits et dans celui des idées.

Le flot de la démocratie monte et gagne partout; l'intelligence se fait jour au travers des masses et la pensée se généralise.

Le bien-être matériel suit une direction parallèle à celle des idées.

Partout nous voyons l'homme mieux vêtu, mieux nourri, plus fort et mieux portant qu'il y a cinquante ans. La preuve, c'est que son existence est plus longue.

Qu'on s'occupe de propager les règles de l'hygiène,

qu'on s'habitue à les observer, qu'on adopte une loi militaire en harmonie avec les lois de la nature, et, dans cinquante ans, les progrès, en ce sens, seront plus grands et plus manifestes encore.

La mécanique enfante chaque jour des merveilles qui sont bientôt surpassées par les merveilles du lendemain; la vapeur unit les extrémités du monde, le télégraphe met toutes ses parties en communication immédiate, et l'aérostation plane comme une espérance au sein des progrès de l'avenir.

Non-seulement le chemin de fer est comme un lien nouveau qui vient unir les peuples et les confondre en une seule et même famille; mais de ses mille bras, il va saisir les produits naguère abandonnés, auxquels il prête de la valeur et dont il multiplie l'abondance, en leur ouvrant les débouchés sans limite de la consommation.

L'industrie se développe, le commerce s'étend, le bien-être se généralise, la civilisation pénètre jusqu'aux coins les plus reculés.

L'univers n'a plus de régions inconnues; l'invention et l'idée qui viennent d'être conçues à Londres ou à Paris se répercutent en un instant des Montagnes-Rocheuses à celles de l'Himalaya. En même temps que la science agrandit sa sphère et vient remplacer partout l'ignorance, l'humanité triomphe de la barbarie, les mœurs s'adoucissent, les passions de l'homme revêtent un caractère moins féroce, le droit des gens se perfectionne, la guerre se fait sans vengeance, la vie est plus respectée, la liberté plus répandue.

C'est cette dernière qui a enfanté tous ces prodiges, c'est son éclosion qui a permis à l'esprit humain de se dilater dans tous les sens, et de porter tous ses fruits, dans leur abondance.

Espoir plus consolant encore, cette liberté, qui a subi tant d'éclipses, et qu'on a pu croire tant de fois éteinte pour toujours, est destinée dorénavant à ne plus disparaître. Voici pourquoi.

C'est que, grâce aux progrès matériels dont nous venons de donner le rapide aperçu, elle n'est plus l'apanage d'un seul peuple; elle est disséminée de toutes parts, elle appartient à tous, elle est devenue le patrimoine de l'humanité tout entière, et si son foyer venait, par accident, à s'éteindre dans une partie quelconque de l'univers, il ne tarderait pas à se ranimer au contact des autres peuples. L'issue de la lutte entre les ténèbres et la lumière n'est plus douteuse; chaque jour la lumière grandit et chasse les ombres.

Grâce à la division amphictyonique de l'Europe, le sort de la liberté ne dépend plus d'un peuple ou d'un homme, c'est-à-dire d'un grand ou d'un petit hasard ; elle a de tous côtés des attaches qui assurent son maintien et son existence pour aussi loin que la prévision humaine puisse s'étendre.

Soit instinct, soit réflexion, les différents peuples qui composent l'Europe sont profondément imbus de cette idée, qu'il importe essentiellement à leur indépendance et à leur sécurité qu'aucune puissance ne devienne assez prépondérante pour imposer sa volonté aux autres.

L'équilibre des puissances est devenu dans ces derniers siècles la base essentielle de la politique européenne, et tant que cette base se maintiendra, on peut dire que le progrès et la liberté reposeront sur d'inébranlables assises.

De même qu'autrefois la Grèce, ce berceau glorieux du génie humain, fut libre et grande aussi longtemps que la puissance de Sparte, d'Athènes ou de Thèbes trouva un contre-poids dans celle de ses rivales, de même sa chute devint irrémédiable après que le désastre de Chéronée la contraignit d'abdiquer son indépendance et sa liberté, qui allèrent se fondre et se perdre dans l'unité macédonienne.

L'Europe, plusieurs fois menacée du même danger, a eu le rare bonheur d'y échapper jusqu'ici, et, disons-le à l'honneur de la France, si elle a plus d'une fois menacé elle-même cet équilibre, c'est elle aussi qui a la gloire d'avoir été son plus ferme et son plus fidèle soutien, dans la plupart des circonstances.

C'est la France qui a lutté et qui a servi de barrière efficace pour garantir l'indépendance de l'Europe, tour à tour menacée par la prépondérance de l'Espagne, de l'Autriche, de l'Angleterre, de la Russie, et, actuellement, par les visées ambitieuses du pangermanisme.

Tantôt victorieuse et tantôt vaincue, elle a servi d'axe indispensable à cette politique tutélaire, et c'est particulièrement à elle qu'on en doit les bienfaits.

Quand à son tour, affolée de gloire et cédant à l'ambition de ses chefs, manquant de bon sens dans les idées et de modération dans la conduite, elle est tombée dans les excès qu'elle avait combattus chez ses rivales, l'Europe, coalisée contre elle, a, par un prompt et, avouons-le, par un légitime châtiment, ramené l'équilibre momentanément troublé et vainement attaqué.

Certes, la puissance relative des divers peuples qui composent la grande famille européenne ne se maintiendra pas constamment stationnaire ; elle se modifiera suivant le cours des vicissitudes humaines, et plus d'une nation parcourra encore des alternatives de grandeur et de décadence. Mais le point essentiel, celui qui nous paraît devoir surnager au-dessus des conflits qui changent plus ou moins périodiquement la face des Etats, c'est qu'aucune puissance ne parviendra à dominer toutes les autres, et qu'un équilibre permanent, quoique résultant d'éléments instables, se maintiendra pendant de longues années encore en Europe, au grand profit de la civilisation.

La civilisation moderne, en effet, diffère essentiellement de la civilisation antique.

Celle-ci, loin d'être aussi universelle et aussi répandue que la nôtre, se concentrait généralement dans un seul peuple, de sorte qu'un cataclysme local suffisait pour la détruire.

La civilisation moderne a des racines plus profondes, plus étendues, et l'on peut ajouter que, grâce à l'invention de l'imprimerie, elle est à même de se transmettre dorénavant à la postérité, comme un legs immortel.

Non pas qu'il ne puisse advenir, encore une fois, que cette civilisation se transforme et se déplace, ce qui est dans l'ordre des choses, mais au moins ne disparaîtra-t-elle plus et ne sera-t-elle jamais aussi complétement effacée que l'a été, entre autres, la civilisation romaine il y a douze siècles.

Quand même elle émigrerait, ce qui est probable, elle ne cesserait jamais d'exister.

Qui sait, en effet, ce qui peut résulter un jour pour l'Europe de l'épuisement de la houille, ce pain de l'industrie moderne?

Encore un siècle ou deux, — on peut, à quelques années près, en chiffrer l'évaluation d'une façon mathématique, — la houille manquera, nos gisements seront épuisés, et si l'industrie n'arrive pas à substituer à ce moteur actuellement indispensable un agent analogue, l'activité humaine se portera sur l'exploitation des immenses dépôts houillers répandus à profusion sur les plateaux du continent asiatique.

La civilisation se transportera-t-elle de nouveau là où elle a essayé ses premiers pas?

Suit-elle, dans son cours mystérieux, la marche régulière du soleil, et combien de fois cette marche, déjà séculairement tracée, est-elle destinée à se renouveler dans la prodigieuse étendue des temps?

Questions immenses, problèmes insondables, que la curiosité soulève, mais que l'entendement laisse sans réponse et sans solution!

***

Si nous ramenons nos vues sur des points plus précis et qui sont l'objet d'une préoccupation plus actuelle, si nous les arrêtons, par exemple, au spectacle offert en ce moment, par l'Europe, à nos réflexions, nous y verrons en premier lieu l'Angleterre, puissance colonisatrice, qui possède la suprématie des mers.

Héritière de la Hollande, de l'Espagne et, en remontant plus haut, de Venise, de Carthage et de Tyr, sa destinée future est écrite dans le passé de l'histoire.

Elle a déjà perdu l'Amérique du Nord et c'est en vain qu'elle peuple l'Australie, qu'elle convoite l'Egypte et qu'elle s'étend dans les Indes ; sa puissance, atteinte dans son germe même, est destinée à périr comme toute puissance colonisatrice.

C'est la loi de parturition fatale et inexorable, qui est la même pour les nations que pour le fruit qui tombe de l'arbre après maturité, et pour l'enfant qui s'émancipe dès qu'il devient homme.

Aussitôt qu'une colonie s'est suffisamment assimilé l'élément civilisateur qui lui a été apporté par la métropole, elle se sépare de celle-ci, et que la scission arrive tôt ou tard, qu'elle s'effectue de gré ou de force, elle n'est pas moins fatale.

Ainsi viendra le jour où l'Angleterre, abandonnée

de ses nombreuses et riches colonies, restera isolée au sein de l'Océan, songeant à sa grandeur passée, vivant de ses richesses acquises, mais déchue, comme la Hollande, de toute influence décisive sur les destinées politiques du monde.

Quand arrivera le terme marqué à la grandeur britannique?

Il serait difficile, sinon prétentieux, de vouloir l'indiquer dès à présent. Il est désirable, en tous cas, que cet événement soit aussi éloigné que possible; mais nous serions bien surpris s'il parvenait à dépasser l'étendue d'un siècle.

***

Pendant que l'Angleterre peut déjà, quoique à longue distance, envisager son déclin, une nouvelle puissance a surgi pour venir prendre place parmi les membres de la famille européenne.

Après de longs siècles de morcellement et d'esclavage, l'Italie régénérée ne forme plus, de la cime des Alpes jusqu'au niveau des mers, qu'un seul et même peuple.

Dotée d'une configuration géographique aussi précise que bien tracée, l'Italie n'a de point vulnérable et contestable à sa frontière que dans la région nord-est, du côté du Frioul et de l'Istrie.

Trieste sera longtemps, entre elle et l'Allemagne, une cause de méfiance, sinon une source de conflits.

Les vastes régions de l'Europe centrale ont le besoin indispensable d'un port qui leur serve de déversoir sur l'Adriatique, et ce port ne peut être que Trieste.

Mais Trieste est plus italien qu'allemand; aussi chaque fois que l'Allemagne se sentira assez forte, tentera-t-elle d'abaisser l'influence italienne afin de dominer dans l'Adriatique.

Si, comme une immense muraille de Chine, l'Allemagne parvenait un jour à s'étendre des bords de la Baltique et de la mer du Nord jusqu'aux rives de l'Adriatique, c'en serait fait de l'indépendance anglaise et italienne, ainsi que de la civilisation des races slaves, lesquelles séparées de tout contact avec les nations occidentales et rejetées vers l'Orient, retomberaient peu à peu dans la barbarie asiatique.

Mais le réveil qui se fait sentir en Angleterre et le sens politique, sagace et profond dont est naturellement douée la nation italienne, tiendront ces nations en garde et les amèneront à faire échec à ces envahissements dangereux.

Aucun peuple, il faut le reconnaitre, n'a montré jusqu'ici plus de tact et plus d'habileté, joints à plus de bonheur, que le peuple italien dans l'œuvre de résurrection qu'il vient d'accomplir.

Il poursuivait d'ailleurs un but si légitime, un plan si nettement indiqué par la topographie et par l'histoire, que tout est venu concourir au succès de ce plan, même les revers.

Fait bien rare, sinon unique, dans les annales historiques, l'Italie s'est agrandie par la défaite presque autant que par la victoire.

Si Magenta et Solferino lui ont assuré la possession de la Lombardie, Lissa et Custozza lui ont valu l'annexion de la Vénétie.

Il faut constater aussi que l'Italie a été secondée dans son œuvre par quelques hommes d'une rare valeur, par une politique de premier ordre à l'esprit ferme, perspicace et étendu, par un héros légendaire, par un souverain patriote et brave, roi constitutionnel dans toute l'acception du terme et dont le rôle serait le déni formel de nos théories sur la royauté constitutionnelle, si, par une convention peut-être un peu paradoxale, mais fondée, il n'était admis que l'exception prouve la règle.

Aussi bien, Victor-Emmanuel est une véritable exception en tant que roi constitutionnel, un « miracolo di Re », comme le disait un jour M. Sella, faisant ainsi un compliment à son roi aux dépens de la royauté. Tout autre souverain eût pu, comme le fils de Charles-Albert, faire du libéralisme, parce qu'il fallait être libéral pour prendre le contre-pied de Naples et de l'Autriche, et pour gagner les sympathies des Italiens; mais ce qui distingue Victor-Emmanuel de bien des têtes couronnées, c'est qu'il a été et qu'il est resté libéral de bonne foi.

Il a trouvé, il est vrai, dans l'agrandissement ou plutôt dans le relèvement de son pays, une compensation de gloire qui manquerait à tout autre souverain, fût-il même aussi bien intentionné que lui, d'où l'on peut induire, sans trop de présomption, que son rôle ne sera point rempli une seconde fois.

Qu'on joigne à cela un bon sens remarquable, une bravoure incontestable, une bonne foi entière et, pour couronner l'ensemble, une série presque ininterrompue de succès, on ne sera plus étonné si peuple et roi tiennent l'un à l'autre, et si aucun d'eux n'est tenté de porter atteinte au contrat qui les unit.

Mais qu'est cela au point de vue du système ou des principes?

Chez qui retrouvera-t-on non-seulement cet ensemble de qualités personnelles, mais aussi ce concours inouï d'heureuses circonstances destinées à mettre les premières en relief ?

On peut dire sans crainte :

Nulle part, et jamais !

Aussi n'est-il pas nécessaire d'être prophète pour prédire qu'avant vingt ans l'Italie sera conduite à adopter la forme républicaine.

Son esprit et sa tradition l'y portent, et s'ils ne sont pas manifestés tout d'abord, c'est qu'au milieu de l'Europe monarchique, l'indépendance italienne ne pouvait se réaliser qu'avec le concours et sous la tutelle de la royauté.

Le sens politique des Italiens ne s'y est pas trompé ; toutes les opinions se sont volontairement effacées devant la grande question de l'indépendance nationale; mais ce sacrifice momentané durera juste autant que la reconnaissance due à l'homme qui a si puissamment contribué à la faire triompher.

Alors que certaines nations s'agrandissent ou se reconstituent, d'autres se décomposent.

La conquête musulmane, qui n'a apporté à l'Europe ni un progrès ni une idée, tend à être rejetée en

Asie, et depuis longtemps l'empire turc, cette pièce vermoulue de l'édifice européen, aurait été jeté au rebut, si l'on ne craignait l'ébranlement qui doit résulter de son remplacement.

Quelque lenteur qu'on y apporte, la force des choses triomphera des hésitations provenant de la défiance réciproque des puissances, et il est aisé de voir que c'est du côté de l'Orient que s'opéreront les plus prochaines comme les plus importantes modifications de la carte d'Europe.

Si l'on en excepte la nation turque, chez aucun peuple peut-être la décadence n'est plus marquée et ne semble plus irrémédiable que chez le peuple espagnol.

Descendu du faite de la puissance, écrasé sous le poids des conquêtes, confiné dans l'ignorance, abruti par la superstition, ce peuple si fier jadis et qui se débat aujourd'hui dans des luttes intestines, sans grandeur comme sans portée, est devenu presque un objet de pitié pour l'Europe.

D'où vient cette abjection?

A quelles causes attribuer une chute si profonde ?

Nous répondrons sans hésiter : à l'influence du catholicisme et à l'abus des conquêtes.

Le catholicisme, lorsqu'il est introduit comme élément constitutif dans l'État, est un agent morbide qui, l'histoire le démontre d'une manière irréfutable et par des exemples répétés, entraîne la faiblesse d'abord et l'anéantissement ensuite. Toutes les nations catholiques, sans exception, sont en décadence. La Pologne a disparu, l'Irlande est assujettie à l'Angleterre, la Bavière est dominée par la Prusse, la France et l'Autriche sont abaissées, l'Italie cesse à peine de n'être plus qu'une expression géographique, l'Espagne et le Portugal en sont arrivés à ne plus compter. Le catholicisme pousse les peuples à une soumission aveugle et, par une conséquence naturelle, les gouvernements à l'infatuation de la tyrannie.

Il tend trop à substituer la prière à l'action, la fatalité au vouloir, et la grâce à l'effort, il enlève ainsi le ressort aux âmes, et détourne la pensée de l'homme de son but humain, pour la transporter dans des régions éthérées d'un mysticisme douteux.

Il aboutit à la dépopulation par le célibat des

prêtres et par ces fondations conventuelles où les sexes, que la nature destine à vivre unis, sont soumis à l'obligation de rester éternellement séparés : double injure faite aux lois de la nature et celles du bon sens.

Tous ces défauts ont été poussés en Espagne à leur suprême exagération, et le fanatisme a exercé, sur cette terre malheureuse, ses excès les plus horribles et les plus condamnables.

L'inquisition y a allumé les bûchers, installé la torture et répandu le sang à flots : sur ces régions bénies du soleil, elle est parvenue à rendre les cœurs sombres et soupçonneux, les âmes cruelles.

Elle a pétri ensemble, et d'un limon si serré, l'ignorance et la superstition, qu'un effort immense, énergique et continu pourra seul les désagréger, les détruire et ramener, au milieu de mille difficultés, ce peuple égaré à n'avoir plus foi qu'aux lumières de la raison.

Aussi longtemps que cet effort n'aura pas abouti, l'Espagne croupira dans l'ornière où elle est enfoncée, et l'effort ne peut aboutir à son plein effet que par l'extinction complète du cléricalisme.

Ce qui, en dépit des difficultés, nous fait croire au succès final, c'est que, malgré tant d'épreuves, le peuple espagnol a gardé intactes certaines vertus natives : courage, patriotisme et sobriété; or, un peuple qui possède ces qualités est susceptible de relèvement.

***

Quant à l'abus des conquêtes, faut-il voir un juste retour des choses d'ici-bas, dans le spectacle de ce peuple féroce dont l'âpre cupidité a dépeuplé le nouveau monde, massacré toute une race d'hommes, et qui a fini par trouver dans l'or, objet de sa convoitise, l'instrument et la punition de ses crimes ?

L'or du nouveau monde, en effet, a mis les bras de l'univers au service de l'Espagne et l'a déshabituée du travail; quand est venu le jour où l'or a fait défaut, le travail avait disparu.

L'orgueil et la paresse l'avaient remplacé.

Entraînée sur la pente fatale où elle roule depuis deux siècles, l'Espagne a successivement perdu le Mexique et l'Amérique du Sud; elle est sur le point de perdre Cuba, qu'elle tente en vain de retenir, et qui avant peu d'années lui sera enlevé par l'irrésistible courant des choses.

Du reste, si l'Espagne, comme nous n'en doutons pas, est destinée, malgré tous les obstacles, à se régénérer, elle n'y parviendra qu'en prenant virilement son parti de la perte de ses colonies, en faisant un retour complet sur elle-même, en puisant dans ses ressources propres, et en cherchant dans son sol même les éléments de prospérité dont il est si magnifiquement pourvu.

Ce sol est assez riche pour se passer d'un tribut colonial. Non-seulement son sein renferme des richesses minéralogiques immenses, mais sa surface est favorisée d'une fertilité exceptionnelle. Il suffirait, pour en tirer des trésors bien préférables à ceux du nouveau monde, d'y répandre l'eau fertilisante, d'y développer l'irrigation, d'y réaliser enfin ce dont les Maures avaient donné l'exemple, alors qu'ils avaient fait de l'Espagne une sorte de jardin d'abondance.

***

Personne plus que la France ne doit désirer que cette régénération s'accomplisse.

Séparées par la haute chaîne des Pyrénées,

l'Espagne et la France sont chacune si bien chez elles, qu'elles n'ont rien à s'envier, et partant, rien à craindre l'une de l'autre, sinon les excès d'une folle, criminelle et heureusement très-rare ambition.

Toutes deux ont un égal intérêt à leur prospérité réciproque. L'Italie, qui est dans une situation analogue du côté des Alpes, forme avec les deux premières ce qu'on nomme le concert des nations latines.

Quoique possédant chacune une indépendance et une autonomie bien distinctes, ces trois puissances, qui ont plus directement hérité de la langue et de la civilisation romaines, sont naturellement unies par les liens d'une affinité et d'une solidarité fraternelles. Elles doivent tendre avec ardeur à grouper leurs forces en un seul et même faisceau.

Toute atteinte portée à l'une d'elles est ressentie par les deux autres, et la passion seule peut assez aveugler l'esprit d'un Italien, d'un Français ou d'un Espagnol pour lui faire méconnaître l'importance de cette solidarité destinée, peut-être, à devenir avant peu leur principale chance de salut, et en tous cas leur plus sérieux instrument d'influence dans le monde.

Ces trois puissances, qui ont rempli, d'une manière diverse et conforme à leur génie propre, des rôles si importants dans les fastes de la civilisation moderne, sont cependant aujourd'hui accusées d'impuissance et de sénilité par les peuples de race saxonne, qui se croient appelés à prendre à leur place la direction des esprits et du mouvement des affaires.

Cette accusation et cette prétention nous paraissent d'autant moins justifiées qu'elles sont établies sur des faits beaucoup plus accidentels que fondamentaux. Le sommeil n'est pas la mort, et le jour où les nations qui se sont un peu trop longtemps endormies dans le giron du catholicisme se réveilleront au soleil de la liberté, le monde reconnaîtra qu'elles ne sont pas plus démoralisées que les nouveaux précurseurs arrivés du Nord, qu'elles n'ont rien perdu de cette clarté et de ce génie qui sont leur apanage propre, et qui ont produit des œuvres immortelles destinées à faire l'admiration de la postérité. Avant de songer à dépasser ces nations, il faudrait au moins les avoir atteintes, et, pour avoir gagné quelques batailles méthodiques, l'Allemagne n'a encore produit, que nous sachions, ni le Dante, ni Michel-Ange, ni Raphaël, ni Galilée, ni l'Arioste, ni Cervantès, ni Molière, ni Voltaire, ni tant d'autres encore, dont les noms se pressent sous la plume et qui ont si glorieusement préparé la brillante apothéose des idées de 89.

***

L'Allemagne, qui depuis longtemps aspirait à l'unité, qui sentait sa force, tout en reconnaissant la faiblesse inhérente à son état de division, était restée profondément ulcérée par les provocations et les guerres du premier empire. Elle en avait gardé contre nous une profonde rancune.

Elle cherchait vaguement, depuis lors, à donner une cohésion à ses forces disséminées et à devenir une nation, lorsqu'un homme vint, qui, possédant un sentiment parfait des instincts germaniques, ayant sous les yeux l'exemple de l'unité italienne, copiant avec astuce et énergie son modèle Cavour, ne trouvant en face de lui que le plus inepte des adversaires, réalisa enfin cette unité, qui est, et qui restera.

Cette unité, en effet, est trop dans la nature des choses pour ne pas s'étendre et se fortifier avec le temps. De même que le Piémont a groupé autour de lui la Lombardie, la Vénétie, la Toscane, Rome et Naples, pour en faire l'Italie ; de même le petit duché de Brandebourg, devenu royaume de Prusse, absorbera la Saxe, le Wurtemberg, la Bavière et peut-être les provinces allemandes de l'Autriche, pour en faire une grande Allemagne.

Mais la configuration de cette Allemagne, présente ou à venir, restera forcément vague et mal définie ; elle froisse ou porte ombrage à tous ses voisins ; elle menace à la fois l'Autriche et la Russie, la France et la Hollande, la Baltique et l'Adriatique.

Elle est loin, en un mot, d'être limitée de tous côtés par des mers, des fleuves ou des montagnes qui enserrent son génie et ses habitants dans une zone bien précise et nettement déterminée. De là, une cause de malaise et de conflits pour ce peuple, en même temps qu'une source de dangers pour l'Europe.

L'Allemagne a besoin d'être surveillée, maintenue ; l'équilibre européen est à ce prix, et la France n'est plus seule aujourd'hui à s'en apercevoir.

***

La Russie, barbare il y a deux siècles, à peine

connue de l'Europe où elle occupe aujourd'hui une place prépondérante, a marché à pas de géants, mais elle chemine dans le désert, et les vastes régions glacées qu'elle occupe, remplissent plus d'espace qu'elles n'ont d'importance effective.

Sa puissance juvénile s'étendra et progressera encore, jusqu'à ce que l'excès même de son étendue amène l'inévitable scission destinée à se produire entre la portion européenne et la portion asiatique de ce vaste empire.

***

L'Autriche, plus qu'aucune autre nation, semble avoir subi le triste sort dévolu aux puissances catholiques.

Naguère arbitre de l'Europe, elle est allée égrenant ses provinces sur la route du temps, et l'empire de Charles-Quint, divisé d'abord en deux tronçons, s'est successivement vu arracher les Pays-Bas, la Franche-Comté, la Silésie, le Milanais et la Vénétie, ne recevant, en échange de tant de dépouilles perdues, qu'un triste lambeau de Pologne.

Aujourd'hui, la Prusse menace ses provinces allemandes et semble vouloir se hâter de réaliser cette prophétie de Montesquieu : « Les protestants deviendront plus riches et plus puissants, et les catholiques plus faibles. »

L'Autriche, contre la prépondérance de laquelle nous avons eu si souvent à lutter, est devenue, depuis qu'elle a résolûment abandonné toute arrière-pensée de domination en Italie, l'alliée naturelle et tout indiquée de la France.

Nous avons intérêt à faire actuellement tout ce qui dépend de nous pour fortifier sa puissance, et les événements qui s'annoncent du côté de l'Orient fourniront sans doute à l'Autriche une occasion que nous devons favoriser, d'étendre sa puissance vers ces régions et d'être l'agent civilisateur de ces provinces, encore à demi barbares.

***

Quant à la France enfin, quant à notre cher et malheureux pays, il a commis bien des fautes ; il est léger, inconstant et vaniteux ; mais il a une qualité qui fait excuser tous ses défauts, il est généreux.

Les autres nations ne songent qu'au résultat positif, et chez elles tout est calcul ; le Français seul obéit aux élans du cœur, et il a mérité que Jean-Jacques Rousseau dit de lui : « Le Français est le

« seul peuple qui aime véritablement les hommes,
« et qui soit bienfaisant par caractère. »

Ajoutons que si le caractère français présente, à côté de qualités nombreuses, certaines lacunes, celles-ci ont été rarement comblées par le génie de nos hommes d'Etat. Il est difficile, on en conviendra, d'être plus mal servi que la France ne l'a été, en général, par ses chefs héréditaires.

Il suffit, pour en citer un exemple, de rappeler ce fait, invraisemblable s'il n'était attesté par l'histoire, qu'à deux reprises la Belgique s'est offerte à la France, et que deux princes, le Régent et Louis-Philippe, cédant au seul mobile de la peur, n'ont point voulu l'accepter.

Quand, par hasard, la France a rencontré des chefs qui, par compensation, s'élevaient au-dessus de ceux des autres nations, la fatalité a voulu que ceux-ci, obéissant aux conseils d'une ambition sans frein, aient dépassé toute mesure et violé toutes les règles de la modération.

Ballottée d'un extrême à l'autre, la France a ainsi vécu de revers et de triomphes, et si elle a laissé derrière elle une trace lumineuse de son passé, c'est grâce surtout à ses savants, à ses artistes et à ses écrivains.

Obligée par de récents malheurs à se recueillir,

elle est à même de réfléchir à présent sur les défauts qui l'ont perdue et sur le correctif à leur donner.

Après avoir reconnu le mal et les dangers d'une longue infatuation, il ne faut pas se laisser entraîner à l'extrême opposé et tomber dans l'excès d'un lâche découragement.

Laboremus, travaillons. Le remède est là!

Mettons-nous à la hauteur de notre tâche. Faisons en sorte que l'intelligence ne soit pas au-dessous de la matière.

Jetons un regard sur ce beau pays si fertile et si varié, si bien découpé par ses cours d'eau, par ses bois et par ses montagnes, assis sur deux mers, et placé par la nature au centre de la civilisation moderne.

Sommes-nous hommes, et saurons-nous enfin tirer parti des ressources et des instruments dont nous disposons?

Pour cela, il ne s'agit que de vouloir ; mais de vouloir avec force, avec suite, avec opiniâtreté.

Il faut à tout prix devenir forts, et cela dépend uniquement de nous.

Si nous appréciions sainement les choses, et si, pour cela, nous commencions par nous dégager de l'influence que nos récents désastres exercent actuellement sur les esprits, nous reconnaîtrions que la France est encore, de toutes les nations de l'Europe, celle qui possède le plus de ressources comme puissance militaire.

La densité de sa population et sa configuration géographique rendent la concentration de ses forces facile et rapide ; l'étendue de ses côtes lui permet d'avoir une marine de premier ordre, et cet appoint, ajouté à sa puissance continentale, en développe considérablement la portée.

Si, dans la dernière guerre, tout eût été prêt, et que 100,000 hommes de débarquement eussent menacé les rivages de la Baltique, 300,000 Allemands se seraient trouvés immobilisés, et la face de la guerre eût été changée.

La France, enfin, possède les moyens de soutenir une longue lutte, grâce à son incomparable puissance financière.

Or, c'est surtout à une époque où les armées se chiffrent par millions, que l'argent est destiné à jouer un rôle plus prépondérant que jamais.

La guerre de sécession d'Amérique ne s'est faite par le Nord, qu'à coups de pièces de cent sous, et c'est le dieu dollar qui, cette fois, a remporté la dernière victoire.

Tout s'achetait, canons, fusils, munitions, et surtout soldats.

Et pour emprunter un exemple d'une autre nature à la dernière guerre franco-allemande, croit-on que sans la trahison du misérable Bazaine, la Prusse eût pu continuer la campagne ?

Rappelons-nous donc que, toute victorieuse qu'elle était, elle faisait vainement appel au crédit ! Ses emprunts n'étaient point couverts, ses ressources s'épuisaient, la nostalgie démoralisait son armée, la misère étendait sa main froide et pesante sur toute cette Allemagne de veuves et d'orphelins; un peu plus il fallait décamper, et décamper faute de quoi ? Faute d'argent ! Car la Prusse, luttant bien préparée, luttant à raison de trois contre un, et, qui plus est, contre un gouvernement traître et idiot, nous avait battus et complétement battus.

Cela est hors de discussion.

Elle n'en était pas moins obligée de rentrer chez elle faute d'argent, si la France avait tenu quelque temps de plus, et l'on sait ce qui l'en a empêchée !

Comme dit le proverbe italien : *Chi dura vince* : qui persiste triomphe.

L'argent est et restera donc le nerf de la guerre ; or, la France a de l'argent. Elle a mieux encore, elle a des enfants courageux. Sa fibre belliqueuse, après avoir vibré pendant tant de siècles, n'a point été rompue par un échec momentané.

Fait digne de remarque, les victoires des Français, surtout celles de la Révolution, avaient un caractère héroïque et brillant, qu'on cherche vainement dans les récentes victoires de la Prusse.

Les premières étaient remportées, malgré l'infériorité du nombre, grâce à l'élan, au courage, à l'héroïsme et parfois au génie.

Les autres ne sont que le résultat mathématique d'une lourde et puissante machine, dont le mécanisme savant, au lieu d'enlever l'obstacle, l'enserre, l'étouffe et le broie.

Cette lourde machine écrase tout de son poids, c'est vrai, et le résultat final est atteint; mais il l'est sans grandeur comme sans éclat et il inspire, en définitive, plus de terreur que d'admiration.

Nos qualités sont tout autres, et l'occasion de les faire valoir n'est pas aussi définitivement perdue qu'on affecte de le dire généralement.

Fortuna belli autem victos quoque docet. La fortune apprend aussi aux vaincus l'art de la guerre.

La vieille renommée du sang gaulois n'est pas encore éteinte; elle a pu s'éclipser, mais elle reparaîtra quand les temps seront venus.

Nous en prenons à témoin tout un passé de gloire traîné dans la boue par notre génération, et que nous ou nos fils avons à laver!

***

Mais que prétendez-vous faire, nous dira-t-on, avec votre République dont personne ne veut et qui vous isole en Europe?

Ce que nous ferons?

Nous tâcherons d'abord de nous rendre forts, et nous rappellerons à ces hommes d'Etat candides, qui croient ou qui affectent de croire que les gouvernements éprouvent des répugnances de petite maîtresse, l'exemple de Cromwell. Le Protecteur, bien qu'il ne passât pas pour être fort tendre à l'égard des rois, n'en était pas moins l'allié choyé et respecté de tous les rois.

Mais Cromwell était fort.

Les Etats-Unis sont forts aussi, et leur République est loin de passer pour être en mauvais termes avec la despotique Russie.

Mais, avant de songer même à recouvrer de l'ascendant sur les autres nations, cherchons à nous commander à nous-mêmes; embrassons virilement la liberté, et n'ayons plus de vains effrois pour les réformes qui rendent les peuples vigoureux et sains.

Nous verrons alors, en peu d'années, la nation s'épurer, la population s'instruire, le désastre se changer en triomphe.

Peut-être même en arriverons-nous à bénir, comme une salutaire leçon, le malheur qui nous aura fait rentrer en nous-mêmes et qui, après nous avoir débarrassés du plus honteux, du plus abject et du plus corrupteur des gouvernements, aura eu pour effet de nous jeter dans les bras de la liberté, de nous apprendre le travail et de nous donner une juste confiance en nous-mêmes.

Chaque fois que la France a été bien gouvernée, et il ne dépend que d'elle de l'être, elle a rapidement atteint l'apogée de la puissance.

Ainsi que nous l'avons dit, les régions privilégiées qui s'étendent du Rhin aux Pyrénées et des Alpes à l'Océan, renferment un autre esprit, d'autres idées et d'autres ressources que celles qu'on peut rencontrer partout, et qu'on essaierait vainement de faire surgir des marécages, des sables, ou des déserts de la Poméranie.

Par une fatalité qui semblerait étrange, si elle ne tenait aux défauts de notre race ou plutôt à son manque de pondération, chaque fois qu'un judicieux emploi de nos qualités nous a fait arriver à la grandeur, l'ambition de nos guides nous a fait perdre, non-seulement le fruit de nos conquêtes, mais encore le sol même de notre vieille Gaule!

Louis XIV, Napoléon!

Noms maudits... fléaux couronnés d'un peuple qui s'abandonne avec transport, qui s'enthousiasme à l'excès et qui, dans sa naïve confiance, descend jusqu'à s'incarner dans un homme.

D'où vient cette faiblesse et à quelle cause attribuer ce déplorable penchant?

A ce que l'esprit de la nation n'est pas suffisamment pondéré.

Il est trop versatile, trop bouillant, trop méridional, en un mot.

Il lui manque de la réflexion, du sens et de la gravité de l'homme du Nord.

Nous n'arrivons qu'à des résultats incomplets, parce que l'instrument lui-même est incomplet.

La France n'a jamais donné sa note vraie, par la raison que nous n'avons eu jusqu'à présent qu'une France tronquée ou mutilée.

Certes, nous ne voulons point faire de jactance. Le temps des revendications n'est point encore arrivé, pas plus au moyen d'actes décisifs qu'au son des vaines paroles de la vantardise.

Mais, nous le disons avec l'accent de la pleine conviction, il **arrivera!**

***

Il faut que la France périsse ou qu'elle soit la France!

La France telle que la nature l'a créée.

Rien de plus, rien de moins.

Le jour où nous serons bien pénétrés de cette vérité, la moitié de la tâche sera accomplie.

Qui veut peut.

L'Europe elle-même, si elle a lieu d'être suffisamment rassurée sur l'étendue des visées ambitieuses de la France, ne s'opposera plus à ce qu'elle jouisse de la pleine possession d'elle-même.

Les jalousies s'éteindront, l'estime reviendra.

Le fait juste est parfois lent à se produire, mais son heure arrive toujours.

Ayons espoir, ayons confiance! La France est trop indispensable à l'équilibre européen pour disparaître, et dût-elle être deux fois plus vaincue et mutilée qu'elle ne l'a été récemment, son dernier tronçon s'agiterait encore, jusqu'à ce qu'il ait rejoint ses autres parties. Si par malheur, au contraire...;

mais non, le jour où nous serions frappés de mort, l'Europe pourrait s'envelopper d'un linceul, elle aurait vécu !

L'Europe ne veut point que la France périsse, et, ce qui nous rassure davantage encore, la France ne veut point périr.

A l'œuvre donc, et les temps heureux reviendront.

Les peuples, si nous nous en montrons dignes, nous verront d'un œil ami. L'Espagne et l'Italie nous sont sympathiques, la Russie et l'Autriche ne demandent qu'à l'être, l'Angleterre n'en est plus à regretter la faute qu'elle a commise en laissant mutiler son alliée d'Inkermann.

Quant à l'Allemagne, elle apprendra à mieux nous connaître, et à distinguer la France républicaine de la France impériale.

BIBLIOTHÈQUE NATIONALE R.F. IMPRIMÉS

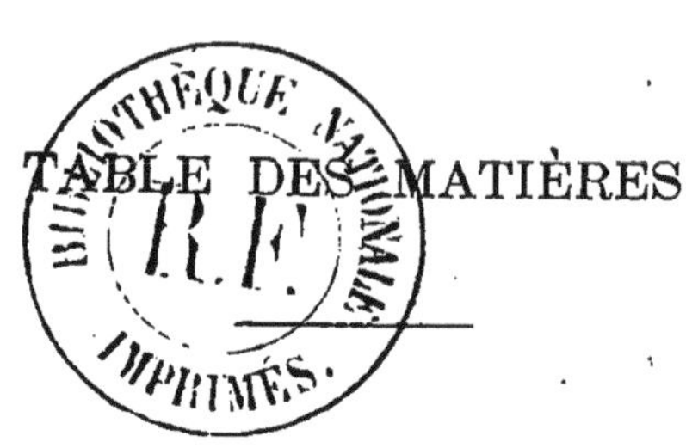
BIBLIOTHÈQUE NATIONALE R.F. IMPRIMÉS

TABLE DES MATIÈRES

CHAPITRE Ier. — Le Principe électif et le Droit divin ....

— II. — Des différentes formes de Gouvernement..... 19

— III. — La Souveraineté.......................... 41

— IV. — L'Instruction publique...................... 75

— V. — L'Organisation militaire...................... 105

— VI. — La Religion................................ 159

— VII. — La Justice................................ 181

— VIII. — L'Impôt................................... 199

— IX. — Le Travail et le Capital...................... 241

— X. — La Guerre................................... 289

— XI. — L'Actualité................................. 299

PARIS. — IMPRIMERIE DE DUBUISSON ET Ce, RUE COQ-HÉRON, 5.

www.ingramcontent.com/pod-product-compliance
Ingram Content Group UK Ltd.
Pitfield, Milton Keynes, MK11 3LW, UK
UKHW012010240726
13965UKWH00001B/282

9 782013 252065